혁신학교 이야기

행복한 배움을 위한
교사들의 도전기

혁신
학교
이야기

도란도란 교육희망을
일궈가는 사람들
지음

여는 글

이야기 나누고, 해보고, 또 이야기 나누고

햇빛과 물과 영양분을 빨아들일 힘만 있다면 식물은 살아갑니다. 바위
틈이나 콘크리트 틈에서도. 이 힘이 없다면 밖에 아무리 많은 햇빛과
물과 영양분이 있어도 없는 것과 다름없어요.

우리 사회는 아이들이 받아들이면 살아가는 데 힘이 될 만한 것들을
잔뜩 차려놓고 무조건 먹으라고 합니다. 소화만 시키면 인생이 달라질
거라며 노력을 강조하고 강요하지요. 그리고 많이 받아들였다는 것을
성적으로 증명해 내라고 합니다. 그렇게만 한다면 좋은 대학과 직장,
안정된 삶이 보장된다는 달콤한 말을 하면서. 중고등학교를 넘어 초등
학교, 심지어 유아기부터.

엄청난 비용이 공교육과 사교육에 투입되고 있고, 여러 방면의 저명
한 전문가들은 교육개혁을 외치며 갖가지 대책을 세우고 있습니다. 하
지만 현재의 입시제도와 임금체계를 그대로 둔 채 내리는 처방은 늘
같은 자리만 맴돌고 있습니다.

그렇다고 손을 놓을 수는 없습니다. 어른들이 우물쭈물하는 동안에

도 시간은 어김없이 흐르고, 아이들은 살아가고 있기 때문입니다. 어른들이 만든 궤도 위에서 아이들은 태어날 때부터 가지고 있던 순수한 호기심과 배움으로의 열망을 점점 잃어만 가고 있습니다. 그저 무기력하게 학교를 오가며 시간만 가기를 기다리는 아이들도 적지 않아요. 그런 아이들을 보면서 교사로서 삶에 회의감이 들기도 합니다.

그래서 교사들은 말합니다. 풀처럼 나무처럼, 태어날 때부터 가지고 있던 아이들의 강한 생명력을 되살려야 한다고. 아이들의 왕성한 호기심과 그것을 파고드는 힘을 우리의 교육이, 학교가 되살리고 북돋아야 한다는 것이지요.

이런 교사들이 목소리를 한데 모아 만들어낸 것이 바로 혁신학교입니다. 아이들의 빛나는 생명력을 다시 찾기 위해 과감하게 교육 현장의 교사들에게 자율성을 보장하는 학교입니다. 교사와 아이들이 눈을 맞추며 교육활동에 집중할 수 있는 환경을 만들기 위해 구성원들 모두가 매일 고군분투하고 있습니다. 또 학교 운영, 행정, 예산을 어떻게 조율하면 교육활동에 더 보탬이 될 수 있을지 함께 모여 생각을 주고받으며 민주적 의사결정 경험을 쌓아가고 있습니다. 이 경험은 교사들의 교육활동에 자연스레 스며들게 되고요.

혁신학교에서는 우리 교육이 안고 있는 걱정거리와 문제점들을 아이들과 함께 살아가는 교육 현장에서부터 풀어가려 노력합니다. 도전해 보고 다시 되돌아보고 또 도전하는 과정을 되풀이하고 있어요. 그런데 이 과정에서 놓쳐서는 안 되는 핵심이 있습니다. 바로 혼자가 아닌, 학교 구성원 모두가 함께 머리를 맞대고 생각을 주고받으며 풀어가야 한다는 것입니다.

처음에는 '모여서 이야기를 한다고 뭐가 달라질까? 의미 없이 시간만 보내는 게 아닐까?'라는 생각도 들지만, 여러 번 모여 생각을 주고받다 보면 조금씩 문제가 해결되기 시작합니다. 오랜 세월 움츠러들어 있던 교사들의 자율성이 서서히 살아납니다. 그렇게 하나둘 성공 경험이 쌓이면서 점점 교사들의 마음에는 이런 생각이 자리를 잡습니다. '두려워할 필요가 없구나. 모여서 생각을 나누다보니 보이지 않던 실마리가 잡히는구나.' 이처럼 혁신 교육은 특별한 것이 아닙니다. 문제가 생기면 함께 모여 머리를 맞대는 과정입니다.

이 책에 담긴 글은 교사들 가슴에서 솟아오른 자율성이 교육 현장에서 일으키고 있는 변화의 기록입니다. '과연 잘 될까? 내가 해낼 수 있을까? 하던 대로 해도 누가 뭐라 하지 않는데, 괜히 일만 벌이는 게 아닐까?' 하는 두려움과 걱정을 이기고 용기를 내 도전한 이야기입니다. 아이들의 호기심, 배움으로의 열망, 생명력을 되살리려 노력하는 교사들의 모습이 담겨있습니다.

지식이라는 건 그저 죽어라 외워야만 하는 걸까?

학교 공부가 아이들을 행복하게 만들 수 있으면 얼마나 좋을까?

이번에는 토론을 중심으로 학급 운영을 해볼까?

초등학교에서는 연극제를 어떻게 운영할까?

방과 후에 아이들을 모아 서울 중심지 탐방을 가보는 건 어떨까?

큰 위험이 아니라면, 어느 정도는 감수해 보는 것이 미래를 살아갈 아이들에게 더 도움이 되지 않을까?

축제나 발표회를 처음부터 끝까지 아이들에게 맡겨보면 어떨까?

'학교'는 건물이 아니라, 마음입니다. 배우고자 하는 마음만 잃지 않는다면, 배움을 향한 목마름만 있다면 그곳이 곧 학교입니다. 이 책은 그러한 '학교'를 만들기 위한 교사들의 도전기입니다. 이들은 지금도 아이들이 주변에 널린 양질의 영양분을 풀처럼 나무처럼 마음껏 빨아들이는 생명력을 키워갈 수 있도록 우리 교육을 바꿔나가고 있습니다.

독자들도 이 책을 통해 우리 아이들을 위한 더 좋은 교육 환경을 만들고 가꾸어갈 힘, 학교에 가고 싶어서 아침을 기다리는 아이들이 많아지도록 만드는 힘을 얻을 수 있다면 좋겠습니다.

2022년 2월,
서울율현초등학교 교장 최관의

차례

여는 글 **이야기 나누고, 해보고, 또 이야기 나누고** 4
서울율현초등학교 교장 최관의

Ⅰ. 혁신학교 이야기

초등학교 편

파랑새를 찾는 여정 13
서울강명초등학교 권유리

교실 속 배움의 꽃을 피우기 위해 31
서울금나래초등학교 이정희

그게 될까요? 43
서울노원초등학교 남상오

**교실이라는 생명체는
아이들의 힘으로 살아난다** 59
서울송정초등학교 오현정

어느 만남 이야기 73
서울수리초등학교 김경혜

따로 또 같이 85
서울유현초등학교 김경숙

**II. 혁신학교
이야기**

중학교 편

어디에서나 실천할 수 있는 혁신 교육   99

강빛중학교 강경은

수업 모임 성찰기   113

난우중학교 강호정

스스로 더불어 한 걸음씩   131

수락중학교 권진희

내가 걸어온 혁신학교   147

상봉중학교 이은자

혁신 표류기   161

길음중학교 이지영

새내기 과학 교사, 혁신학교를 만나다   185

길음중학교 황보연

**III. 혁신학교
이야기**

고등학교 편

소통과 공감이 가능하다면, 그곳이 혁신학교   211

인헌고등학교 김대경

**행복했던 실패와 머위에 대한
늙은 교사의 이야기   225**

신도고등학교 김추령

질문을 갖고 떠난 여행 이야기   239

오디세이학교® 김영선

추천사

새로운 '교육 생태계'를 희망하며   258

전 삼정중학교 교장, 양서중학교 이상대

**혁신학교 운동:
150년 한국 근대 교육사의 일대 사건   261**

서울특별시교육청 기획조정실장 최승복

I
혁신학교 이야기
초등학교 편

파랑새를 찾는 여정

권유리

서울강명초등학교

과거에 나는 교사로서의 생활이 만족스럽지 않았다. 잡으려 할수록 멀어지는 아이들과 얼굴을 붉히기도 했다. 갈매기도 찾아오지 않는 외딴섬에서 수업을 하는 것 같았다. 그렇게 점점 아이들과의 대화가 두려워졌다. 그 와중에 편애하지 않으려다 보니 모든 아이들을 멀리하기 시작했다. 한때 소명 의식을 갖고 선택한 교사라는 길이 무서워졌다. 그때 나의 행복은 교실에 없었고, 그저 현실에 안주하는 교사로 살았다. 겨우 1년을 마치고 나면 그 상황 속에서 간신히 살아냈음을 자축했다.

그러나 지금은 '행복'하다고 느낀다. 나에게 '행복'이란 전반적인 만족감이다. 이는 성취감이나 직업적 자부심을 가지게 되면 자연히 따라오는 감정일 것이다. 지금 교사로서 느끼는 이 감정은 바로 혁신학교에서 얻게 된 것이다. 이전에는 느끼지 못했던 소중한 것이기에, 앞으로도 계속 이 길을 걷고 싶다.

수학 경시대회에 먹칠한 교사

교사 발령 후 3년 차에 수학 경시대회와 관련한 작은 소동이 있었다. 당시에는 수학 경시대회를 학교 자체적으로 시행했는데, 내가 문제 은행에서 추출한 문제가 다른 학급에 실수로 '유출'된 것이다. 동료 교사가 수학 경시대회를 대비하기 위해 아이들에게 문제를 풀게 했는데, 그 문제가 공교롭게도 내가 추출한 것과 동일했다. 아이들은 경시대회 전에 풀었던 문제와 숫자까지 정확하게 일치하는 문제가 나왔다고 '기뻐하며' 답을 썼다고 했다.

쉬운 문제였기 때문에 변별력은 없었지만, 엄연한 유출이기에 긴급 회의가 소집되었다. 처음에는 문제를 풀게 한 동료 교사의 걱정이 산더미였다. 그때 나는 별일 없을 거라며 위로했다. 그러나 회의에서 그는 면죄부를 받았다. 고의성도 없었고, 어디까지나 아이들의 실력 향상을 위해서였으니까. 반대로 나는 내게로 향하는 침묵 속의 비난을 느낄 수 있었다. 교사들이 손쉽게 접근할 수 있는 문제 은행에서, 숫자조차 바꾸지 않고 문제를 출제했기 때문이다. 회의가 끝난 후에는 동료 교사가 아닌 내가 울상이 되어 있었다. 나는 수학 경시대회에 먹칠을 했다는 생각에 그날 밤잠을 이루지 못했다. 그리고 이튿날 사과의 메시지를 같은 학년 교사 모두에게 보냈다. 모든 책임을 내가 지겠다는 말과 함께.

그런 내게 먼저 손을 내밀어 준 선생님은 학교의 낡은 시스템에 분개하는 사람이었다. 나는 그분에게서 온 메시지로 눈물을 멈췄다.

선생님의 감정을 미처 헤아리지 못해서 미안합니다. 그 자리에서 전부 해결된 줄 알았는데, 선생님은 여전히 힘들어하고 계셨군요. 하지만 자세히 들여다보면, 이것은 개인적으로 힘들어하거나 슬퍼할 일이 아닙니다. 또한 혼자서 책임질 일도 아닙니다. 이에 대해 몇 가지 드리고 싶은 말씀이 있습니다.

첫째, 학교는 현재 수학 경시대회라는 제도를 유지하고 있습니다. 이것이 누구를 위한 것인지, 무엇 때문에 유지되고 있는지 생각해 봐야 합니다. 우리는 이것이 학생들을 위해 반드시 유지되어야 할 교육제도가 아님을 이미 알고 있습니다. 만약 경시대회가 그 정도로 중요한 제도였다면, 우리 모두가 이렇게 허술하게 다루지는 않았을 테지요.

둘째, 선생님을 향한 비난들을 그대로 받아들이지 않으셨으면 합니다. 이 일의 책임은 마땅히 학년 교사 모두가 함께 져야 하는 것입니다.

그분의 말은 힘을 내라는 위로가 아니라 생각을 해보라는 말이었다. 학교의 고리타분한 관행들 속에서 비교육적인 것들을 구분하라는 말이었다. 그 메시지는 내게 빛과 같았다. 수학 경시대회에 먹칠을 했다고 자책할 것이 아니라, 아이들의 가슴에 까맣게 먹칠을 하고 있는 수학 경시대회가 유지되는 데 일조한 것을 반성해야 함을 깨달았다. 그 순간 눈물이 멈췄다. 그리고 아이들의 실력을 재어 다 맞으면 대상, 하나 틀리면 금상, 두 개 틀리면 은상을 주는 일이 교육적으로 어떤 의미가 있는지를 생각해 보게 되었다. 또 앞으로는 학교에서 관행적으로 하던 일들을 교육자의 관점으로, 또 아이들의 관점으로 비판하겠다고 결심했다. 학교가 시키는 대로 관행을 답습하며 아이들을 교육했던 나를 반성했다.

학교의 체질 개선

학교는 변하고 있었다. 서울시교육청의 정책으로 우리 학교는 2015년 '토론이 있는 교직원 회의'를 도입했다. 학교를 제대로 바꿔보겠다는 의지를 가진 교장 선생님은 전 교직원이 원탁에 둘러앉는 낯선 회의를 열었다. 이를 통해 우리는 며칠 동안 힘겨운 토론을 하며 학교에 군살처럼 붙어있는 각종 활동과 행사들이 과연 교육적인 것인지를 논의했다. 그 결과 수학 경시대회를 비롯한 각종 대회는 아이들의 삶을 과열시키는 양상으로 변질되었으므로 없애고, 교육과정을 무시하면서까지 연습을 하며 무리하게 진행했던 대운동회와 학예회는 대폭 축소하여 교육활동을 제한하지 않도록 했다. 또 민주주의를 경험하게 하기 위해 시작했던 한 학기 임원 제도가 점점 아이들의 스펙 쌓기가 되는 경향이 있어 없애고, 대신 모두가 대의제를 경험할 수 있도록 순환 임원제를 채택했다.

 교사들은 회의를 거듭하며 새로운 학교 만들기에 진심을 다했다. 논의된 사항대로 학교의 대소사가 결정되자 모두가 신이 났다. 학교 교육활동의 성격을 따져보고 교육철학에 기반하여 불필요하거나 본질에서 벗어난 것을 걷어내는 그 자리가 더없이 신선했다. 정말 이래도 될까 싶었지만, 1년이 지나자 금세 익숙한 것이 되었다.

 한 학기 임원 제도가 없어도 학급 운영은 어렵지 않았다. 아이들이 돌아가며 학급의 대표가 되어 모두가 그 자리를 경험해 볼 수 있게 되었다. 수학 경시대회가 없어지면서 학급의 모든 아이들이 어려운 수학 문제 풀이로 스트레스를 받는 일이 줄어들었다. 단원에서 요구하는 아이들의 기본기와 응용력을 점검하여 수학 기초 교육에 초점을 맞추었다. 또한 학급 교육활동에 중점을 두니 담임으로서 아이들에게 집중할 시간이 더 많아졌다. 이처럼 전체 회의에서 결정한 내용들로 학교가 운영되니, 과거에 비해 점점 나아지고 있음이 피부로 느껴졌다.

그런데 알고 보니 이 모든 것들은 바로 옆 혁신학교에서 이미 하고 있는 정책이었다. 우리는 새로운 걸 만든 게 아니라 옆 학교의 이야기를 듣고 우리도 따라 바꿔보자고 스스로 선택한 것이었다.

학교의 각종 행사와 활동이 교육적 목표에 과연 부합한 것인지 문제를 제기하고 토론을 하면서, 나는 힘을 얻었다. 체질 개선을 통해 가벼워진 우리 학교에서 개인적인 교육과정 연구에도 몰두할 수 있었다. 더불어 혁신학교에 대한 관심도 점점 커져갔다.

행복한 아이들과 대비되는 교사

소문에 의하면 혁신학교에 다니는 아이들은 행복한 반면, 교사는 너무나 힘들다고 했다. 혁신학교에 발령받으면 동료 교사들의 위로를 받고, 어떤 경우에는 울기까지 한다고 들었다. 여전히 혁신학교에 그러한 소문이 따라다니는지는 모르겠지만, 혁신학교를 따라 변화한 우리 학교를 보건대 나는 혁신학교가 좋아 보였다. 무엇보다 교사와 학생 중 한쪽이라도 행복할 수 있는 곳이라면 가보고 싶었다. 둘 다 행복하지 않은 것보다는 그게 나으니까.

흉흉한 소문이 있었지만, 나는 별 두려움 없이 혁신학교를 지원하여 1년을 무탈히 보냈다. 그리고 이듬해 워크숍에서, 잊지 못할 말을 듣게 되었다.

"우리 학교는 아이들의 행복을 위해서 노력하고 있습니다. 참 좋습니다. 그런데 저도 행복하고 싶습니다."

나는 이 말을 듣고 생각에 잠겼다. 교사에게도 행복을 추구할 권리는 분명히 있지만, 그걸 학교에서 찾고 싶다는 그분의 말씀이 헛헛하게 들렸던 것이다. 나는 퇴근 후의 취미 생활에서 삶의 의미를 찾던 교사였으니까. 학교 밖에 삶의 무게중심을 두고 있던 나는 '업무는 업무일 뿐이죠. 선생님, 지금 무슨 꿈을 꾸고 계신 거예요? 그게 가능해요?'라고 되묻고 싶었다.

그날 이후 그분의 말씀은 마음 한구석에 남아 살아가면서 문득문득 떠올랐다. 교사가 학교에서 행복을 찾을 수 있나? 어떻게 찾을 수 있을까? 그렇게 몇 년 동안이나 그 대답을 찾지 못했다. 그러다 혁신학교에서의 생활을 정리하면서 마침내 알았다. 나에게 행복이 어떻게 왔는지. 마치 동화 〈파랑새〉에서 틸틸과 미틸이 파랑새를 찾으러 힘겹게 온갖 모험을 하고 돌아왔지만, 실은 파랑새는 곁에 있었다는 내용과 비슷하다. 지금부터 내가 혁신학교에서 파랑새를 찾기 위해 나섰던 여정을 떠올려보려 한다.

학급 운영의 과제

내가 어린 시절 겪은 학급의 모습이 대물림되는 것에 대한 두려움

신규 교사 2년 차에 생활지도를 하는데 한 아이가 내게 반감을 가졌다. 그 이후로 학생 생활지도가 쉽지 않았다. 그때 나는 결심했다. 아이들에게 기억되지 않기 위해 노력하자고. 물론 아이들에게 마음을 얻어보려고 특별활동 같은 것을 계획해 보기도 했지만, 관리자의 반대와 같은 학년 동료 교사들의 눈치가 보여 결국 조용히 지내게 되었다. 게다가 점점 생활지도의 기준이 엄격해져서, 아이들과의 사이는 더욱 멀어지게 되었다. 나는 그렇게 조금씩 외로워졌다.

아이들과의 유대가 잘 형성된 학급의 교사는 꽤 민주적으로 학급을 운영하는 듯했다. 나도 그러고 싶었지만, 내가 가장 못하는 것 중 하나가 민주적인 학급 운영이었기에 아이들과의 관계 개선은 결국 반쯤 포기하게 되었다. 대체 어떻게 학급을 민주적으로 운영하는 것인지 나는 도무지 알 수가 없었다. 그저 학급 회의를 몇 차례 하는 것으로 최소한의 노력은 했다고 생각했다.

당시 나는 주로 고학년을 맡았는데, 아이들의 이야기에 귀를 기울이지 못해 종종 잡음이 났다. 우리 반은 얌전한 아이들을 키우는 것이 목표냐는 이야기를 들을 정도로 조용했고, 나 역시 문제를 일으키지 않는 아이들을 착실히 키우면서 조용히 학급을 운영했다. 그러면서도 한편으로는 아이들에게 미안했다.

혁신학교에 온 첫해, 나는 여전히 갈피를 잡지 못했지만 이전과는 달라져 보리라 마음먹었다. 민주적 학급 운영을 첫 번째 목표로 정했

다. 지금 생각해 보면 그건 혼자 힘으로 가능한 게 아니었다. 내가 어린 시절 겪었던 비민주적인 학급 분위기를 대물림하지 않기 위해 의식적으로 노력했지만, 무의식 중에 내 모습은 마치 독재자 같았다. 그러나 혁신학교의 '문화'에 하나씩 적응하면서 아이들을 내 뜻대로 통제하려는 욕심을 내려놓았고, 점점 목표에 다가갈 수 있게 되었다.

그 문화 경험의 첫 번째는 재구성된 교육과정이었다. 예를 들어, 학교의 교육과정 재구성으로 '12살의 봄'이라는 집중 수업을 한 적이 있다. 아이들이 자신의 내면을 찬찬히 들여다볼 수 있는 시간을 마련하여 올바른 자아를 찾을 수 있도록 돕기 위한 수업이었다. 예전에는 전혀 해본 적 없는 시도였다. 이 집중 수업을 한 달간 진행하며 나는 아이들을 지난 어느 때보다 자세히 볼 수 있었다. 교과서로만 수업을 진행하던 내가 아이들의 인간적인 모습을 찾고 끌어내 주는 일을 하게 되었다. 가르치는 내용이 달라지니 아이들도 마음을 열었고, 나는 그 고운 마음을 만나면서 조금씩 달라졌다. 고운 마음을 가진 아이들을 대하니 권위적일 필요가 없었다. 아니, 힘을 주지 않게 되었다.

두 번째는 전체 교직원 회의였다. 교직원 회의는 의결권이 있어 학교의 작은 사안들도 전체가 모여 결정했다. 또 누구나 자유롭게 발언을 했다. 내게는 정말 낯선 광경이었다. 경력이나 직급에 상관없이 모두가 의견을 냈고, 모두가 경청했다. 저경력 교사들의 발언을 되바라진 용기나 치기에서 비롯된 것이라고 생각하지 않고 존중했다. 젊고 자유로운 분위기였다.

내가 전체 교직원 회의에서 경험한 대로 학급 회의를 진행해 보니, 아이들의 이야기에 더 귀를 기울이게 되었다. 사소한 사안들까지두 아이들과 함께 이야기했다. 그리고 아이들에게 결정권을 주었다. 때로는 어설프고 못 미더워 마음에 들지 않을 때도 있었지만, 동료 교사들의 '아이들의 선택을 존중하는 것이 최선의 방법'이라는 조언을 받아들이고 어른의 시각으로 결정되지 않는 학급 회의를 하려고 노력했다.

이 학교의 분위기는 이처럼 많은 부분을 아이들에게 맡겨주었다. 아이들과 상의하여 체험 활동 프로그램을 만들고, 아이들이 교육과정에서 필요한 활동을 제안하고 기획한다. 5~6학년 때에는 동아리를 스스로 만들어 운영한다. 게다가 6학년은 교육여행도 아이들이 계획한다.

세 번째 경험은 내게 큰 시련을 주었지만 그와 동시에 마음의 방향을 바꾸게 된 계기가 되었다. 혁신학교에 온 후 이전에 비해서는 많이 변했지만 여전히 나는 아이들 앞에서 어른이고, 담임이며, 권위를 가진 존재라 선을 긋고 있었다. 그리고 이 세 번째 경험, 첫해에 동료 교사들 앞에서 연구수업을 하는 날에 일어난 사건으로 내가 아이들과 어떻게 만나야 될지 결정할 수 있게 되었다.

연구수업 흑역사의 날

우정의 공동체에 들어가게 된 날

동료 교사들 앞에서 연구수업을 하는 날, 나는 완전히 수업을 망쳤다. 수업 중에 우리 몸의 배설기관을 설명하며 인체를 그렸는데, 그다지 잘 그리지 못했다. 그랬더니 아이들이 옆 반 선생님이 더 잘 그리신다며 우르르 나가서 보고 왔다. 대충 수습을 하고 "그림은 못 그리지만

나도 잘하는 게 있어!"라고 변명했는데, 아이들 중 한 명이 "선생님이 잘하는 게 뭔데요?"라는 말을 던졌다. 그 순간 나는 참을 수 없는 부끄러움이 목구멍까지 올라와 목이 메었다. 그 뒤로는 수업을 어떻게 끝마쳤는지 기억도 잘 나지 않는다.

여섯 번 담임을 맡으면서 가장 친근했던 아이들이라 생각했다. 아이들을 민주적으로 이끌지 못하여 심리적 거리를 두었던 과거의 내 교실에서도 이런 적은 한 번도 없었다. 그날 이후 아이들에게 서운한 마음이 생겼다. 정말 많이 서운했다. 그래서 아이들을 제대로 바라볼 수 없었다. 서운하다는 것은 그만큼 마음을 쏟았다는 의미도 있을 것이다. 그동안 나는 아이들에게 많이 다정했고, 잘해주었다. 늘 아이들을 기다려주고, 더 많이 사랑하려 노력했다. 그런데 하필 공개수업을 하는 날 나에게 그런 망신을 준 것이다. 솔직히 나는 그때 아이들을 조금 피했다. 그런 내 마음을 눈치챘는지, 쉬는 시간이면 내 책상 주변에 주렁주렁 매달려 있던 아이들이 슬슬 자기들끼리만 있었다. 마음에 상처를 단단히 주고서는 날 혼자 두었다. 외로움이 다가오니 점점 마음이 더 굳어져 갔다. 예전 생각이 났다. 또 외로워지는 거구나. 나는 그저 가만히 다시 다가오는 외로움을 맞고 싶지 않았다. 그래서 나는 아이들에게 무슨 일 때문에 내가 마음에 상처를 받았는지 말해야겠다고 결심했다. 사과를 받고 싶었다. 정말로 큰 용기를 냈다.

"선생님은 정말 상처받았어요. 저 사과받고 싶어요. 여러분들끼리 그렇게 하듯이, 저한테도 사과해 주세요. 그림을 못 그리는 게 잘못이에요? 잘하는 게 없는 게 잘못이에요? 선생님에게 사과해 주세요. 그 말 한 사람들 사과해 주세요……."

순간 반 전체에 침묵이 감돌았다. 아이들의 눈빛은 흐려져 있었고, 무슨 말을 어떻게 해야 할지 난감해하는 분위기였다. 그 모습을 보니 두려워졌다. 아이들이 나의 무너진 모습을 보고 어떻게 반응할지. 그때 평소에도 우리 반에서 가장 내 말에 귀를 기울이던 한 아이가 먼저 말을 꺼냈다.

"선생님, 솔직히 그때 그림을 잘 못 그리셔서 웃었어요. 그래서 다른 친구들이랑 같이 웃었어요. 그게 선생님께 그렇게 큰 상처가 될 줄 몰랐어요. 정말 죄송해요." 아이는 말을 끝맺지 못하고 울기 시작했다.

그 눈물을 시작으로, 아이들의 고백이 뒤를 이었다.

"그때 저도 선생님이 그림을 진짜 못 그린다고 마음속으로 생각했어요. 정말 죄송해요."

"선생님이 그동안 우리에게 잘해주신 걸 생각하지 못하고, 힘들게 해 드린 것 같아요."

"다른 선생님들 앞에서 장난쳐서 죄송해요."

"저는 그날 선생님께 잘하는 게 뭐냐고 물었어요. 진짜 궁금해서 물어봤는데, 그게 선생님께 상처를 드릴 줄 몰랐어요. 죄송해요."

우리 반은 그렇게 울음바다가 되었다. 아이들의 마음이 고스란히 내게 다가왔다. 믿을 수 없이 마음이 따뜻해졌다. 아이들의 고백은 그 뒤로도 계속 이어졌다.

닫혔던 마음의 문이 다시 열리는 것을 느꼈다. 나는 감동했고, 한참을 아이들과 함께 울었다. 아이들이 서로 사과를 주고받을 때 이런 마음이었을까. 아이들의 진심을 알게 되면서 나는 우정을 느꼈다. 권위적 존재로서의 교사가 아니라, 학생들과 끈끈한 우정의 공동체를 이루고 싶은 인간적인 감정을 느꼈다. 그리고 나는, 이제 더 이상 외롭게 있지 않기로 했다.

교원 학습 공동체 적응하기

수업을 마음껏 고민할 수 있는 자유

혁신학교에서 교원 학습 공동체(이하 교학공)에 처음 참석했던 날, 난 생처음 수업 이야기만 하는 동료 교사들 곁에서 낯섦을 느꼈다. 봄방학 때 워크숍에서 새 학년의 전체적인 방향을 이야기하며 운영의 틀을 잡아나갔다. 특히 재구성이 새로웠다. 교육 내용을 주제 중심으로 재구성하는데, 생각지도 못했던 것들을 하나로 엮어가는 것이 신기했다. '12살의 봄'을 주제로 아이들의 이야기를 들을 수 있게 교과 내용들을 모아서 재구성했다. 또 수업의 집중도를 위해 수학 공부를 시작하는 시기도 2주 늦추었다. 당시에는 이게 맞는 방향일까 싶었지만, 재구성이 끝나고 평가를 해보니 과연 적절한 선택이었다.

　회의에서 동료 교사들은 교육과정 재구성에 확신을 갖고 이야기를 주고받았다. 거기서 나는 한마디도 할 수 없었다. 무엇을 어떻게 해야 할지 전혀 몰랐다. 그 와중에 열정적으로 이야기하는 동료 교사들의 모습에 비해 나는 너무 부족하다는 자괴감까지 들었다. 5년간 해왔던 나의 교육이 쓸모없게 느껴졌다. 그렇게 아무 의견도 내지 못하는 수동적인 교사가 되어 다른 사람들이 재구성하는 아이디어를 듣고 하자는 대로 따랐다. 회의로 함께 만든 동일한 내용이 교육 올 하다 보니 나만의 개성을 펼 수 없었고, 아이들은 옆 반 선생님과 나를 비교하였다.

나는 공개수업을 실패한 사건을 시작으로 교학공 회의에 불만을 품게 되었다. 내가 잘하지 못하는 것인데도 따라야 하는 것이 싫었기 때문이다. 이래서 혁신학교에서 일하기가 힘들다고 했나 싶었다. 적응해야 할 이 학교의 문화이니 어쩔 수 없었지만, 한 개인을 이렇게 모자라게 만드는 곳에서 과연 내 교육에 만족할 수 있을까 싶었다. 그러나 그렇게 불만만 품은 채 조용히 지냈다.

2년 차 때는 그래도 친해진 동료 교사들이 많이 생겼다. 재구성과 교학공 회의가 익숙해지긴 했지만, 그 안에는 내가 감당하기 힘든 부분이 있었다. 다른 사람이 계획한 수업안을 비판 없이 받아들이고, 그대로 수업에 적용해야 하는 것이었다. 내 개성대로 내 수업을 하지 못하는 것은 타는 듯한 갈증을 느끼게 했다. 여전히 낯설고 힘들었다.

3년 차 때는 코로나19로 인해 모든 수업이 온라인으로 진행됐다. 이때 나는 재구성을 포기해야 한다는 교학공의 의견을 듣지 않고 혼자서 해보겠다고 나섰다. 2년 동안 어깨너머로 배워본 터라 혼자서도 충분히 할 수 있을 거라 생각했다. 그런데 혼자 재구성을 해보니 다양함이 없었다. 한번은 아이들에게 용감하게 수업 피드백을 요청했는데, "재미없다."라는 냉정한 평을 들었다. 내가 잘하는 것으로 과목 내용들을 재구성하며 팬데믹 시기에 알맞도록 수업을 만들었지만, 아이들은 단조로운 수업에 지쳐갔다. 게다가 혼자 온라인 수업 자료를 만들고, 영상도 찍고, 편집까지 하려니 쪽잠을 자도 그 업무량을 감당하지 못했다. 결국 혼자서 하는 재구성은 포기하고 말았다.

이를 계기로 재구성에는 동료의 힘이 절실하다는 것을 깨닫게 되었다. 모두의 의견이 모여서 균형을 이룰 수 있었고, 함께 노를 저으며 서로를 앞으로 끌어가고 있었다는 사실을 알게 된 것이다.

내가 겪은 혁신학교 교원 학습 공동체 적응은 혁신학교에 근무한 선배 교사들에게 들은 일반적인 이야기와 유사했다. 많은 교사들이 이런 시기를 겪는다고 한다. 1~2년 차에 이전의 방식을 내려놓고 동료들과 협업하여 재구성하는 방식을 배우면서 지금까지 자신이 쌓아올린 성이 와르르 무너지는 듯한 기분을 느낀다고 한다. 그리고 3년 차에는 어느 정도 재구성이 익숙해지면서 회의에 주도적으로 참여하게 되고, 조금씩 재미를 알아가게 된다. 4년 차에는 드디어 전성기를 맞아 꽃을 피우게 되고, 5년 차에는 떠나야 함에 아쉬움을 느끼며 재구성을 마치게 된다고 한다. 나도 그랬다. 1~2년 차에는 그저 불만이 가득했다가, 3년 차에는 새로운 의욕이 생겼고, 함께한다는 것의 의미도 배울 수 있었다. 그리고 4년 차에 들어서자 동료들과 적극적으로 수업 협의를 하고 다양한 의견들을 조화롭게 만들어가며 재구성의 참된 의미를 알게 되었다.

내게 있는 것을 펼쳐 보이는 힘

나는 학기 말 평가회에서 이 학교가 교사들이 각자 계획하는 교육활동을 적극 지원해 준다는 사실을 알게 되었다. 아이들이 생활하는 모습을 가만히 보다보면 어떤 교육적 활동이나 처방이 필요한지 떠오를 때가 있다. 예전에는 그런 생각이 들면 옆 반 교사의 눈치를 보다 결국 포기하거나 관리자의 허락을 힘들게 받아내야 했지만, 이 학교에서는 내가 생각한 활동을 믿고 지원해 주는 분위기였다.

첫해에 만났던 한 아이에게 장구를 치게 한 것이 떠오른다. 그 아이는 친구랑 다투게 되면 분을 이기지 못하고 주먹을 드는 경향이 있었다. 서로 장난처럼 주고받는 말에도 욱하여 갑자기 공격적인 행동을 보였다. 공부에는 별로 관심이 없었지만, 친구들을 웃게 하는 것에 행복감을 느끼는 마음 착한 아이였다. 나는 그 아이의 마음을 짓누르고 있는 무언가를 해방해 주고 싶었다. 그때 머릿속에 우리 학교에 장구가 무척 많다는 사실이 떠올랐다. '그래! 장구를 치게 하자!' 이것은 그 아이의 공격적인 행동이 장구를 치면서 조금씩 해소되기를 바라는 마음에서 떠오른 맞춤 활동이었다.

장구부를 모집하기 전, 옆 반에 불편을 끼칠 수 있기에 동료 교사들에게 조심스레 양해를 구했다. 다행히 방과 후 활동이어서 모두 개의치 않았다.

그렇게 방과 후 장구부 활동이 시작되었다. 한 달 동안 쿵덕쿵덕 장구를 치다 보니 꽹과리와 북, 징도 추가하여 그럴듯한 사물놀이를 하게 됐다. 그러던 어느 날, 학교에 우리 반이 사물놀이를 하고 있다는 소문이 났는지 공연 제의가 들어왔다. 맺음 잔치 5학년 공연에서 단소 연주만 하려니 밋밋하다면서, 산도깨비 연주의 사물놀이 장단을 맡아 달라는 것이었다. 아이들은 모두 환호성을 질렀다. 공연 날, 아이들은 그동안 연습했던 대로 무사히 맺음 잔치 공연을 마쳤다. 무대 위에 올라가 조명을 받고 있는 장구부 아이들의 모습을 바라보았다. 공연이 끝난 후 피어났던 아이들의 밝은 미소는 잊을 수 없을 것이다.

이렇게 나는 아이의 발산적 문제 행동을 장구부 활동과 연계하여 긍정적인 방향으로 이끌었다. 이 활동으로 그 아이는 물론이고, 다른 아이들도 합주의 즐거움과 함께 우리의 소리에 몸을 맡기며 흥겨운 시간을 보냈다. 또한 우연한 기회로 하게 된 공연 덕에 성취감과 보람을 느낄 수 있게 되었다.

이것은 내가 특별한 능력이 있어서 할 수 있었던 활동이 아니었다. 학교의 교육활동을 믿고 맡기는 학부모, 각자의 교육활동을 격려해 주는 동료 교사들, 아이들이 배우고 익힌 것이 곧 공연이 되는 학교의 행사, 생활과 연결된 자연스러운 재구성 교육과정과 학급 운영. 이 모든 것들이 나와 아이들을 창의적 교육활동으로 이끌어주었다.

나는 아이들의 마음을 사로잡는 학급 운영을 하지도 못했고, 방과 후 활동을 열심히 하는 교사도 아니었다. 그저 혁신학교에 와서 동료 교사들과 함께 머리를 맞대며 생각을 거듭한 것만으로, 나는 더 나은 교사로 성장할 수 있었다. 해마다 아이들의 특징을 파악하고 그에 맞게 기획하는 창의적 교육활동은 교사인 내게 뿌듯함을 선사하고, 아이들에게는 자신의 내면에 있는 잠재된 힘과 능력을 만나는 기회가 되기도 한다. 물론 즐거움은 덤이다. 혁신학교가 가지고 있는 문화의 힘 덕분에 나는 이러한 활동을 주도적으로 할 수 있었다.

이렇게 파랑새 찾기 여정의 마지막 단계라고 할 수 있는 창의적인 교육활동을 하고 난 후 나는 교사로서 이전에는 느껴본 적 없던 감정, 학교에서의 행복을 찾았다. 교사는 무엇으로 행복을 느끼는지 혁신학교에서 알게 되었다. 교육활동을 자율적으로 할 수 있는 문화가 뒷받침해 주니, 해마다 나는 설레는 꿈을 꾼다.

'이번 아이들은 밝고 왁자지껄하구나. 목청이 엄청 크네. 수업 시간에 서로 이야기하고 싶어서 안달하고. 그럼 이번에는 토론을 중심으로 학급 운영을 해볼까?' 생각만 해도 미소가 절로 난다.

혁신학교에서 살아가면서 나는 교육자로서 보람과 만족감, 그리고 내 자신에 대한 긍지도 느끼고 있다. 나도 내가 이렇게 될 줄 몰랐다. 혁신학교에서 교육활동을 하며 동료 교사들, 학급 아이들과 함께 울고 웃었더니 선물이 따라왔다.

나의 혁신학교 교사 수련은 아직 끝나지 않았다. 여전히 진행 중이다. 하지만 그럼에도 불구하고, 나는 혁신학교에서의 생활을 다른 모든 교사들에게 두루 권하고 싶다. 이곳에서 나는 내가 어떤 교육을 하고 싶은지, 어떤 교사가 되고 싶은지를 생각할 수 있었다. 내가 주체가 되어 아이들을 위해 고민하는 그 자체가 나를 살아있게 했다.

교실에 있는 파랑새를 찾게 된 이야기는 이것으로 마치려고 한다. 예전 학교가 혁신학교를 따라 체질 개선을 한 것처럼, 모든 학교에 혁신학교의 긍정적인 문화가 자리를 잡으면 좋겠다. 그 문화가 교사를 교육의 주체가 되게 하고, 거기에서 비롯한 교사의 적극적인 에너지가 아이들에게도 좋은 영향을 미쳤으면 한다. 그렇게 하나둘 행복한 학교가 늘어났으면 좋겠다.

교실 속 배움의 꽃을 피우기 위해

이정희

서울금나래초등학교

혁신학교 준비 모임을 찾아간 것은 10년 전 봄이었다. 그 당시 나는 방과후 학교 부장에, 학년부장을 3년째 겸임하고 있어 매우 지쳐있었다. 내가 원했던 교사는 이렇게 학교 업무에 치인 모습이 아니었다. 수업을 통해 아이들과 함께 호흡하며 이야기를 나누고 싶었다.

그때 친하게 지내던 동료 교사에게 혁신학교에 가보면 어떻겠냐는 제안을 받았다. 그렇게 시작된 혁신학교 생활은 비록 고되기는 했지만, 후회 없는 선택이었다. 혁신학교 교사로 살았던 시간은 늘 낯설고 힘들었지만 수업에 대해 함께 진지하게 논의할 동료 교사들이 옆에 있어 설렐 수 있었다. 아이들은 배움을 통해 꿈을 꿀 수 있고, 교사는 가르침을 통해 희망을 노래할 수 있길 바라는 마음으로 오늘도 나는 수업을 연구한다.

왜 우리는 학창 시절 수업을 기억하지 못하나?

보통 학창 시절을 떠올리면 대부분 친구들과 함께 놀았던 일이나 수학여행, 선생님이 들려준 농담 같은 이야기들을 기억한다. 수업 시간에 배운 내용을 기억하는 사람은 드물다. '수업' 하면 떠오르는 것은 주어진 문제의 답을 기계적으로 구하던 모습, 칠판에 가득 적혀있던 판서를 그대로 필기하던 모습, 선생님의 강의식 설명을 듣다 졸던 모습 등이다. 이런 기억 속에서는 학교에서의 배움을 통해 삶이 변화된 순간을 쉽게 찾을 수 없다.

혁신학교에서 동료 교사들과 수업에 대해 이야기하면서 합의한 내용이 있다. 학습에서 동기유발은 매우 중요하다. 그런데 그 동기가 간식이나 스티커 같은 단순한 보상에 의한 것이라면, 그것이 사라지는 순간 금세 시들어 버린다. 그래서 우리는 첫 번째로 외적 보상에 의한 동기가 아닌 아이들 스스로 배움의 기쁨을 느낄 수 있는, 내적 동기를 일으키는 방법을 고민한다. 두 번째, 다른 친구와의 경쟁을 통해 자신의 우월성을 확인하는 형태가 아닌 함께 주어진 과제를 해결하는 협력 수업 형태를 구상한다. 세 번째, 배움이 단지 교과서에 나와있는 죽은 지식이 되지 않고 아이의 삶 속에서 살아있도록 아이들의 눈높이와 관심사에 맞게 교육과정을 재구성한다. 마지막으로 아이들이 배움노트, 또는 글쓰기를 통해 배운 것을 정리하고 생각할 수 있는 시간을 가지게 한다.

이러한 합의를 통해 동료 교사들과 가장 먼저 한 작업은 교육과정을 재구성하는 것이었다. 주어진 교육과정에 따라 그대로 가르친다면 수업을 준비하는 데 별로 어려움이 없다. 차시별 수업 자료도 잘 정리되어 있다. 그러나 이러한 수업은 획일적으로 구성된 지식만을 아이들에게 제공하게 된다. 아이들이 직접 참여하고 협력하면서 스스로 배움을 찾게 하기 위해서는 분절적으로 구성된 교육과정을 성취 기준을 중심으로 재구성할 필요가 있었다.

장면 1: "마치 다시 나를 보는 시간 같다."

우리말을 읽고 쓴다는 것은 무엇을 의미할까? 우리는 무엇을 위해 국어 공부를 했을까? 《수업을 비우다 배움을 채우다》라는 책에서는 "국어 공부는 단순히 말을 잘하고 글을 잘 쓰는 사람을 기르기 위한 것이 아니라 언어활동을 통해 나와 나를 둘러싼 삶을 성찰하고 발견하는 일이며, 그 속에서 다른 사람의 삶과 나의 삶을 엮어가는 것이다."라고 이야기하고 있다. 또 "나의 이야기와 너의 이야기를 이해할 수 있고, 너의 이야기를 통해 나를 새롭게 만나는 것이다."라고 덧붙였다.

혁신학교 국어 수업에서는 온작품 수업을 자주 한다. 온작품이란, '온전한 작품을 가지고 배운다.'라는 의미이다. 교과서는 문학작품의 내용을 간추려 일부분만 제시한다. 이렇게 쪼개진 작품에서는 아이들이 그 작품이 가지고 있는 문학적 힘을 느끼지 못한다. 또한 간추린 내용을 본 것만으로 전체를 다 읽었다고 생각하여 온전한 작품을 읽지 않게 되는 경우도 많다.

아이들이 삶에 대해, 다른 이의 마음에 대해 진지하게 이해하기 위해서는 국어 시간에 다루어지는 글은 온전해야 한다. 성취 기준에 의해 조각이 난 채로는 그 작품의 참맛을 배울 수 없다. 온작품을 감상하면서도 우리는 국어에서 지도해야 할 성취 기준을 충분히 지도할 수 있으며, 더 나아가 문학작품을 아이의 삶과 연결하여 지도할 수 있다.

교과서에는《마당을 나온 암탉》에서 초록 머리의 탄생 부분만 제시되어 있다. 그러면서 등장인물의 삶이 지향하는 가치에 대해 이야기를 나누게 한다. 그러나 등장인물의 생각과 마음을 진심으로 이해하기 위해서는 작품의 앞에서부터 차곡차곡 읽어야 한다. 교과서에 제시된 부분만 읽었을 때는 왜 나그네가 그렇게 날갯짓을 하면서 잠을 자지 않는지 잘 이해되지 않는다. 그러나 온작품을 통해 그 부분을 함께 읽은 아이들은 나그네의 죽음 앞에서 자신의 아버지를 생각하며 눈물을 흘렸고, 아름답고도 슬픈 글의 묘사에 대해서도 이야기할 수 있었다.

또 그렇게 어렵게 태어난 초록 머리가 자신의 무리인 청둥오리 사이에서 적응하지 못하고 따돌림에 힘들어하다가 암탉 잎싹에게 되돌아왔던 부분을 읽을 때, 아이들은 사춘기를 겪고 있는 자신들의 삶과 비교하며 감상하기도 했다. 이를 통해 초록 머리의 괴로움에 공감하면서 자신의 고민 이야기를 친구들과 나누는 시간도 가질 수 있었다. 이처럼 단순히 문학작품을 책 속에 머물러 있게 하지 않고, 자신의 삶 이야기로 끌어올 수 있는 것도 온작품 국어 수업의 힘이다.

그날 수업에서 아이들은 사전에 자신들의 고민을 무기명으로 적어 제출했던 결과를 확인하고 내심 놀라는 모습을 보였다. 우리 반의 가장 큰 고민은 친구 관계였다. 사춘기를 겪으며 감정이 예민한 아이들에게는 어쩌면 당연한 결과일 수 있다. 그러나 아이들은 자신만 교우 관계로 걱정한다고 생각했는데, 반 친구들의 가장 큰 고민이 자신과 같다는 사실에 놀라워했다. 그래서 우리는 그 해결 방법을 문학작품 속에서 찾아보았다. '초록 머리가 다시 무리로 돌아갈 수 있었던 힘은 무엇이었을까?' 이는 잎싹이 초록 머리의 단점인 끈을 없애주고 장점을 발견해 주어서, 초록 머리가 스스로를 긍정적으로 바라볼 수 있게 되었기 때문이었다. 그래서 우리는 서로에게 잎싹이 되어주기로 했다. 잎싹이 초록 머리의 장점을 알려주듯이, 친구의 장점 말해주기 활동을 해보기로 한 것이다. 아이들은 친구들이 자신의 장점을 어떻게 이야기해 줄지 긴장했다. 그러나 서로의 장점을 주고받는 시간은 그 어느 때보다도 더 주의 깊게 듣고 말하는 수업이 되었다. 수업을 마친 후 마무리 활동으로 아이들이 쓴 글 일부를 소개한다.

친구들의 고민을 들어보니 1위가 친구 관계였고, 2위가 미래에 대한 부담(불안)감이었다. 나만 이런 고민을 하는 것 같았는데 아니었다. 하지만 나도 힘든 순간을 극복한 청둥오리처럼 극복할 것이다. 친구들이 알려준 나의 장점은 먼저 다가와 주고 리더쉽이 강하며 남의 말을 잘 들어준다는 것이었다. 내가 미처 몰랐던 장점들이었다. 쑥스럽기도 했지만, 너무 좋았다.

나는 항상 내가 장점이 없다고 생각했다. 스스로를 단점밖에 없는 패배자라고 여겼다. 그런데 오늘 친구들이 나도 몰랐던 나의 장점을 찾아주고 알아주어서 너무 고마웠다. 마음 깊이 너무 좋아서 견딜 수 없다. 마치 다시 나를 보는 시간 같다.

이렇게 아이들이 등장인물의 마음에 공감하고, 친구의 이야기를 통해 자신을 되돌아보고, 삶을 살아갈 새로운 힘을 갖게 되었다면 오늘의 국어 수업은 잘된 것이 아닐까? 친구의 장점을 찾아서 진심으로 이야기해 준 아이들도, 그 이야기를 듣고 자신을 되돌아본 아이들도 오늘의 국어 수업이 오래도록 가슴에 남기를 바란다.

장면 2: "전 절대로, 다시는 1km 거리는 걸어가지 않을 거예요."

아이들과 함께 1km 걷기 활동을 한 적이 있다. 아이들은 1km나 되는 거리를 걸어야 한다는 것에 부담을 느끼는 듯도 했지만, 수업 시간 중 학교 밖으로 나간다는 사실에 그 부담을 잊을 만큼 들떴다.

우리 학교는 큰길가에 위치해 있어서 멋진 산책로가 아닌 찻길 옆 보도블록만 따라가야 하는 아쉬움이 있었다. 그래도 나는 아이들에게 우리가 사는 동네의 어디까지가 1km인지 알려주고 싶었다.

나는 초등학교에 다닐 때 '1km'라는 단어를 cm와 m 등 길이의 단위를 환산하는 수학 단원에서 처음 배웠다. 그런데 교사가 되고 나서 보니, 이 단원이 단순히 단위 환산만을 가르치는 것이 아니라 거리 감각도 키울 수 있는 단원이라는 것을 알게 되었다. 나는 학창 시절에 수학을 좋아했지만, 아직도 거리 감각이 둔하다. 내가 있는 곳에서 목표 지점까지 얼마나 멀리 떨어져 있는지 잘 가늠하지 못한다. 도로표지판에 적혀있는 거리 표시를 보고도 감이 잘 오지 않는다. 거리 감각이 없는 것은 운전을 배우면서 가장 큰 난관이기도 했다. 또 나는 지가 없으면 앞에 있는 물건이 대략 몇 cm인지도 알지 못한다. 즉 나는 머리로만 수학을 배운 것이다.

나의 이런 경험 이야기를 시작으로 우리 학년에서는 이번 거리 단원을 실제로 아이들이 체험할 수 있는 수업으로 구성하자고 의견을 모았다. 지도를 펴고 아이들이 어디를 걷게 할 것인지 교사들 모두가 머리를 맞대고 이리저리 코스를 짰다. 무엇보다 중요한 것은 물론 아이들의 안전이었다. 또 어느 정도 걸었는지 확실하게 가늠할 수 있는 길이었으면 했다. 그래서 구불구불한 골목길보다는 직선으로 뻗은 길을 걷도록 정하였다. 그 뒤 설정한 코스대로 교사들이 먼저 걸어보면서 위험 요소가 없는지 살펴보고, 아이들에게 주의시킬 사항 또한 꼼꼼히 점검하였다.

이렇게 번거로운 과정을 거치면서도 학교 밖 1km를 걸어보게 하자고 학년 교사들이 동의한 것은, 수학이라는 과목에서의 배움을 단지 교과서에만 머물게 하고 싶지 않았기 때문이었다. 아이들이 1km라는 거리 단위를 단순히 '1km=1000m'라는 암기식 단위 환산으로 익히기보다는 직접 걸었을 때 얼마나 걸려 갈 수 있는 거리인지 몸으로 느끼기를 바랐다. 그리고 그렇게 체득한 감각이 다른 거리를 이해할 수 있는 발판이 되기를 바랐다.

아이들이 정해진 코스를 걸어 다시 학교로 돌아오는 데까지 빠른 아이는 30분, 느린 아이는 50분 정도가 걸렸다. 아이들은 오자마자 다리가 아프다, 목이 마르다, 힘들어 죽겠다고 아우성을 쳤다. 아이들의 아우성 속에서 1km를 걸어본 소감에 대해 이야기를 나눴다.

"지도로 볼 때는 별것 아니라고 생각했는데, 너무 멀었어요."

"자전거로 가면 별로 멀지 않은데, 직접 걸어보니 꽤 힘들어요."

"제 걸음으로 20분쯤 걸으면 대략 1km라는 걸 알 수 있었어요."

"전 절대로, 다시는 1km 거리는 걸어가지 않을 거예요."

아이들의 소감은 각자의 경험에 따라 다 달랐다. 요즘은 아이들이 조금만 먼 거리를 갈 일이 생겨도 부모님이 차로 데려다주시기 때문에, 힘들다는 말이 가장 많이 나왔다.

학창 시절, 수학 시험에 거리, 속도, 시간에 관련한 문제가 등장하면 머리를 싸맸던 기억이 있을 것이다. 왜 우리는 이런 문제를 그렇게 어려워했을까? 그 답은 우리가 항상 그것을 '문제'로만 다루었기 때문이 아닐까? 한 번도 직접 체험해 보지 않고, 나의 삶과는 동떨어진 문제로만 다루었기에 아이들은 수학을 싫어하는 것이 아닐까? 밝은 얼굴로 웃으며 1km의 거리를 걷고, 서로 얼마나 걸렸는지 이야기하는 아이들의 모습에서 수학의 또 다른 모습을 발견했다.

장면 3: "선생님, 구청장님께 답장 왔어요!"

5학년 사회 단원에서 '우리 지역의 문제를 파악하고 그것의 해결 방안을 알아본다.'라는 학습목표를 설정하고 민주시민교육을 진행하고 있을 때의 일이다. 학년 교사들이 모여서 이 단원을 어떻게 수업할지 논의하다가 아이들이 직접 동네 주민들을 만나 설문조사를 시행하는 활동을 수업에 포함하면 좋겠다는 의견이 나왔다. 아이들이 우리 동네를 돌아다니면서 어른들을 만나고 우리 지역이 해결해야 할 가장 시급한 문제는 무엇이라고 생각하는지를 직접 묻기로 한 것이다. 이러한 수업 형태가 가능할 수 있었던 것은 물론 학년 교사 모두가 함께 구상하고 계획하였기 때문이다.

예전에는 이런 활동을 방과 후 과제로 제시하기도 했지만, 제대로 과제를 수행해 오는 아이는 드물었다. 형식적으로 칸을 채워 가져오는 경우가 대다수였다. 그래서 이번에는 수업을 설문조사부터 시작하기로 한 것이다.

교사들은 먼저 아이들이 설문조사를 할 지역의 범위와 필요한 시간을 설정했다. 그리고 아이들이 안전하게 설문조사를 할 수 있도록 근처에 머물며 적절한 도움을 주기로 했다. 아이들은 학교라는 울타리를 벗어나서 직접 어른들을 인터뷰한다는 자체만으로도 신나했다.

설문조사를 마친 후 학년 전체 아이들을 한 공간에 모아 그 결과를 분석하고 통계 처리하는 수업을 진행하였다. 우리 지역의 해결해야 할 문제는 두 가지로 분류하였는데, 하나는 이 지역에 살고 있는 사람들이 스스로 고치고 개선해야 하는 문제였고 다른 하나는 필요한 사항을 구청에 요구해야 하는 문제였다. 먼저 사람들이 스스로 지켜야 할 문제에 관해서는 포스터를 그려 학교 밖 담장에 붙이기로 했다. 그리고 구청에 요구해야 할 문제는 구청장에게 직접 제안하는 편지글을 써보기로 했다. 이러한 활동은 아이들이 스스로 원하는 방법을 선택한 것이다. 또한 개별적으로 진행하는 것이 아니라 3~4명이 한 팀이 되어 활동했다. 특히 제안하는 편지글 쓰기는 협력 활동으로 진행하니 아이들의 관심도가 더 높았다. 이렇게 작성된 편지는 실제로 구청장 앞으로 보냈다. 그 후 방학이 가까워졌을 때쯤 아이들에게 구청장이 답장을 보내왔다. 아이들은 자신들이 제안한 글에 대해 직접적인 답변을 듣는다는 것에 매우 흥미를 보이고 즐거워했다.

우리가 사회 시간에 배워야 할 것은 무엇일까? 보통 '사회'라는 과목은 암기과목이라고만 여겨진다. 그러나 앞으로 아이들이 살아가야 하는 사회는 지식을 단순히 많이 암기하는 것은 그다지 중요하지 않다. 필요한 정보를 언제 어디서나 쉽게 찾을 수 있기 때문이다. 이러한 사회를 살아가야 하는 아이들에게 학교에서 가르쳐야 하는 것은 필요한 정보를 수집하고 그것을 다루는 방법, 주어진 과제를 다른 사람들과 함께 힘을 모아 해결해 나가는 방법이 아닐까? 또 자신이 살아가고 있는 이 사회에 관심을 가지며, 그에 대한 자신의 생각을 다른 사람에게 표현하는 방법을 가르쳐야 하는 것이 아닐까?

나가면서

얼마 전 뉴스에서 혁신학교 지정을 반대하는 학부모를 보았다. 혁신학교는 정해진 교육과정대로 수업하지 않고 놀기만 해서 아이들의 학력이 떨어진다는 것이 그 이유였다. 그러나 나는 '학력이 과연 무엇인가?'라는 질문을 하고 싶다. 지금까지 나는 혁신학교의 수업 모습에 대해 이야기했다. 이러한 수업은 배움에서 멀어진 수업일까? 단지 놀기만 하는 모습일까? 학력이라는 것이 단지 지필고사를 통해 수치화되어 아이들을 줄 세우는 기준만을 의미하는 것일까?

우리가 키워야 하는 아이들은 지금이 아닌 미래를 살아가야 한다.

정재승 교수는 "미래의 인공지능 시대를 살아가는 데 필요한 능력은 융합적, 협력적 사고 능력이다."라고 하였다. 이러한 능력을 키우기 위한 '진짜' 학력은 수치만으로 평가될 수 없다. 주어진 문제를 융합적 사고를 통해 어떻게 접근할지 판단하고, 다른 친구들과 협력하면서 이를 해결해 나가는 과정을 경험하며 아이들은 그 능력을 배우고 익히는 것이다. 혁신학교는 바로 그런 수업을 꿈꾸고 있다. 아이들이 자신의 삶과 연계하여 배움을 바라볼 수 있도록 노력하고 있다.

혁신학교에서 10년을 보내며 나는 동료 교사들과 함께 어떤 것이 아이들에게 좀 더 나은 배움일지를 끊임없이 고민하였다. 아직도 명확한 답을 찾지 못했다. 그러나 같은 곳을 바라보며 함께 걸었던 동료 교사들이 있었기에 지금도 이 길을 가고 있고, 앞으로도 그럴 것이다.

그게
될까요?

남상오

서울노원초등학교

서울초등교육연극연구회에서 활동하는 20년 차 교사이다. 발령받은 이후 부터 현재까지 매년 연극 공연을 하고 있다. 2014년 대학원에 입학하여 교육 연극을 본격적으로 배우면서 단순한 재미를 넘어서는 경험 중심, 학생 중심, 과정 중심 수업에 관심을 갖게 되었다. 동료 교사들과 협력하여 《우리 반 연극 수업 어떻게 할까》를 펴냈고, 다양한 교사 연수를 통해 교육 연극 수업 경험을 나누고 있다. 교육 연극으로 재구성한 역사, 국어, 음악 수업과 인성, 진로 교육을 실천하며 수업의 패러다임을 바꿔보려 노력하고 있다.

혁신학교 초빙교사 남상오

나는 오래전 텔레비전에서 한 혁신학교의 사례를 보고 난 뒤로 그 신선함에 처음 흥미를 느꼈다. 하지만 당시에는 진짜로 혁신학교에 가겠다는 마음을 먹지는 않았다.

대학원에 다니던 7년 전, 서울 강동구에 학년 연극제를 진행하는 혁신학교가 있다는 소문을 듣게 되었다. 나는 그 학교의 연극제 운영 사례를 배우고 싶었다. 운 좋게도 그곳에 같은 학교에 다녔던 연극 동아리 선배와 동기가 근무하고 있었기에 나는 수업 참관과 교사 및 학생 면담을 진행해 볼 수 있었다. 대부분의 아이들이 학교생활과 수업에 만족하는 듯했다.

10회 정도 수업 참관을 하다가 우연히 교사 회의에 참석할 기회를 얻었다. 그 당시 교사 회의는 마치 대학원 수업처럼 난해했고, 분위기는 농담을 할 수 없을 정도로 진지했다. 내가 만난 교사들도 학생들과 마찬가지로 학교생활에 전반적으로 만족하고는 있었으나, 한편으로는 굉장히 바쁘고 힘겨워 보였다. 그러나 몇 번의 수업 참관과 면담으로 혁신학교에 대해 단정할 수는 없었다. 더구나 그 당시 나의 관심은 혁신학교가 아니었다. 내가 관심을 가졌던 것은 '초등학교에서 연극제를 어떻게 운영하는가?'와 '연극이 교사와 학생에게 미치는 영향은 무엇인가?'였다.

또 당시 나는 승진을 목표로 하는 교사들만 초빙교사를 신청하는 것으로 알고 있었다. 내가 그동안 봐왔던 초빙교사들은 전부 그러했다. 학교도 승진에 관심 있는 교사를 원했다. 그래서 그쪽에 전혀 관심이 없던 나는 절대 초빙교사는 못하겠다는 생각을 가지고 있었다. 나뿐만 아니라 나를 알고 있는 모든 사람들도 나와 같이 생각했을 것이다. 그런데, 혁신학교는 초빙의 조건으로 승진이 아니라 '열정'을 요구했다. 그것이 쉽게 이해가 가지 않았다. 그래서 하나만 기억했다. '혁신학교는 승진에 관심이 없는 교사도 초빙을 하는구나.'

혁신학교에 오기 전 5년 동안 근무했던 학교는 불합리하고 비상식적인 사건이 끊이지 않았다. 교사들 모두 이에 분개했지만, 결국 선택한 것은 강요된 평화였다. '일을 크게 만든다고 무슨 방법이 생기겠어?', '우리가 말한다고 그 사람들이 바뀌어?', '어쩔 수 없지. 우리 반이나 잘 챙기자.' 이것이 교사들의 결론이었다. 비상식적인 일들이 끊이지 않는 학교에서 교사들은 어떻게 살아갈까? 관리자의 부당한 요구와 동료 교사의 불합리한 행위 속에서 교사들의 교육관은 어떻게 바뀔까? 정말 이러한 상황에서 '우리 반이나 잘 챙길 수' 있을까? 몇 번을 생각해 봤지만 나의 결론은 절대 그렇지 않다는 것이었다. 그런 학교에서 교사는 끝없이 초라해지고, 애써 정립한 교육관은 쓸데없어진다. 그러면 아이들도 같이 피해를 보게 된다. 왜냐하면 스스로 초라하다고 생각하는 교사에게 아이들이 배울 수 있는 것은 아무것도 없기 때문이다. 5년간 그곳에서 근무하면서 나는 스스로 초라하다는 생각에서 헤어나오지 못했다. 그래서 나는 행복하게 살기 위해 혁신학교에 초빙교사 지원서를 쓰기로 결심했다.

예상했던 대로 혁신학교는 매우 상식적이고 합리적이었다. 5년 만에 느낀 편안한 분위기에 난 만족했고, 그 이상 바라는 것이 없었다. 이것만으로도 충분했다. 교사들은 매우 성실했으며, 자신의 교육활동과 학생의 성장에 관심이 많았다. 몇몇 교사는 지나칠 정도로 고민에 빠져 있어서 힘겨워 보이기도 했지만 말이다.

초빙으로 온 첫해에 나는 5학년 담임과 진로부장을 맡았다. 혁신학교는 프로젝트 기반으로 수업을 재구성하는데, 이 학교는 온작품 프로젝트가 중심이었다. 온작품과 관련된 프로젝트로는 한 학기에 책 3권 읽기, 반별 동시집 만들기, 독서 캠프(작가와의 만남 포함), 북텔러(고학년 아이들이 저학년 아이들에게 책을 읽어주는 활동)가 있었다. 또 생태 수업, 세시풍속에 따른 행사, 학생 선택 동아리, 학생 다모임, 우쿨렐레 버스킹, 진로 캠프 등도 계획되어 있었다. 거기에 5학년 담임인 나의 제안으로 5~6학년 연극제를 추가했다. 그 외에도 예방 교육(흡연, 비만, 성폭력, 학교폭력, 음주), 스케이트 교실, 목공 수업, 어린이날 기념행사, 개교기념일 기념행사를 간단하게 진행했다.

혁신학교는 일반 학교에서 시도하지 못했던 다양한 활동을 제한된 수업 시간에 실행하기 위해 교육과정을 재구성해야 한다. 새 학기가 시작되기 전 교사들이 모두 함께 모여서 교육과정을 재구성하는 경험은 나에게 매우 흥미로웠고, 교육 전문가로서의 역량을 향상시킬 수 있을 것이라는 기대를 갖게 했다.

그러나 생각만큼 교육과정 재구성은 수월하지 않았다. 이미 계획되어 있는 일정을 피해 배치하는 일도 만만치 않았고, 각 교실도 새 학기를 맞아 재정비를 해야 했다. 그런 상황에서 교육과정 재구성에만 온전히 집중할 수는 없었던 것이다. 그러다 결국 만족할 수 있을 만큼 모든 준비를 끝내기란 불가능하다는 것을 알게 되었다. 그래서 대략적인 가닥을 잡고 새 학기가 시작되면 계획을 체계적으로 진행할 수 있게 거듭 논의를 하자고 결정했다.

5학년과 3학년의 차이

예상은 했지만, 혁신학교는 매우 바빴다. 학년별로 차이가 있겠지만 5~6학년은 특히 그랬다. 교사로서의 역량은 부족하지 않다고 자신했었는데, 막상 근무를 시작하니 만만치가 않았다. 아이들의 얼굴을 익히고 학부모 총회와 상담을 진행하는 것만으로도 3월이 다 지나갔다. 이제부터는 본격적인 프로젝트들이 기다리고 있었다.

그런데 혁신학교에서는 교사만큼이나 아이들도 해야 할 일이 많았다. 담임의 영역은 내가 조율할 수 있었지만, 학생의 영역은 미처 예상하지 못했다. 혁신학교는 쉴 틈 없이 학생에게 과제를 부여한다. 굵직한 프로젝트가 줄지어 아이들을 기다리고 있었다.

'오늘은 비가 오니까, 우리 무서운 이야기 한번 해볼까?' 가끔 아이들과 이렇게 재미있는 이야기를 하고 싶어도, 코앞에서 기다리는 프로젝트를 생각하면 차마 입을 뗄 수 없었다. '오늘 날씨가 너무 좋아요. 산책하러 가요!', '이 책 재미있어요. 뮤직비디오로 만들어보면 어떨까요?' 같은 아이들의 제안에도 '미안하지만, 지금은 시간이 없어. 다음 주에 독서 캠프가 있어서 너희들 이거 해야 돼.'라고 답할 수밖에 없다. 학생의 즉흥적 제안으로 이뤄진 일은 학습 동기가 강력하여 학생의 잠재 능력을 끌어내는 데 매우 효과적이다. 이때 교사는 그 제안을 교육적으로 활용할 수 있도록 학생에게서 아이디어를 이끌어내고, 그에 따른 조언을 제공하기만 하면 된다. 예를 들면 이런 식이다.

"그래요! 그런데 산책을 하면서 우리는 무엇을 배울 수 있을까요?"

"봄이니까 식물을 관찰해 보는 건 어떨까요?"

"좋아요! 그럼 어떤 방법으로 식물을 관찰할까요?"

"저희는……."

이렇게 자신의 제안으로 성사된 식물 관찰은 학생의 역량을 최대한으로 끌어올릴 수 있다. 관찰이 끝난 후 시를 쓰거나 그림을 그릴 수도 있다. 또 그것을 친구들 앞에서 발표할 수도 있다. 비록 식물 관찰이 특별한 수업은 아니지만, 즉흥적으로 이루어진 수업에서는 그 수업에서만의 특별한 배움이 일어난다. 무엇보다 학생들은 이 모든 경험을 즐겁게 하게 된다.

하지만 이곳에서는 그러한 즉흥적 요구를 수용할 수 없을 만큼 바빴다. 물론 아이들이 정해진 프로젝트를 통해 다양한 경험을 할 수 있다는 점은 매우 긍정적인 일이다. 그러나 한편으로는 아이들이 경험을 누리는 것이 아니라 경험에 끌려가고 있는 것은 아닐까 하는 걱정이 들었다. 쉴 새 없이 배치된 프로젝트를 아이들은 바쁘게 경험해야 했고, 교사들은 또 정신없이 그 모든 것들을 준비해야 했다. 프로젝트 수업이 학생 중심, 과정 중심, 경험 중심 수업으로써 매우 긍정적인 역할을 한다는 것은 인정하지만, 현재로서는 아이들의 목소리는 하나도 듣지 못하고 교사가 차려놓은 밥상에 숟가락만 얹게 하는 것이 아닌가 하는 우려가 생겼다.

만약 우리 학교가 이렇게까지 바쁘다는 것을 미리 알았더라면, 나는 연극제를 제안하지 않았을 것이다. 다닥다닥 진행되는 프로젝트들을 보면서 나는 '연극제가 없었다면 숨통이 좀 트이지 않았을까?'라는 생각을 했다. 물론 표면적으로 연극제는 성공적이었고, 교사와 학생 모두의 만족도도 높게 평가되었다. 하지만 나는 못내 불편했다. 시간에 쫓겨 정신없이 진행했던 그 과정은 결코 성공적이지 않았다고 생각하기 때문이었다.

나는 학년말 평가 회의에서 프로젝트가 너무 많다는 문제 제기를 했다. 그리고 내년에는 선택과 집중을 하자는 말에 대부분의 교사들이 동의했다. 그런데 계획을 세우다 보면 어느새 똑같은 문제가 반복된다. 프로젝트를 나열하다 보면 마땅히 뺄 만한 것이 보이지 않는 것이다. 전부 아이들에게 필요한 경험이다. 그런데 나는 여기서 의구심이 생겼다. 이 모든 수업을 전부 프로젝트로만 진행해야 하는 걸까? 그게 정말 맞는 길일까?

그다음 해에는 3학년 담임을 맡았다. 학교가 같았으니 특별히 달라진 점은 없었다. 그런데, 작년과 교실의 분위기는 확연히 달라졌다. 결정적인 차이는 3학년은 5학년에 비해 프로젝트가 많지 않았다는 것이다. 그래서 3학년 아이들과는 날씨가 좋으면 학교 주변에 산책을 나가기도 했고, 갑자기 소나기가 내리면 귀신 이야기를 할 수도 있었다. 학생들의 즉흥적 요구를 교사가 적절히 수용하고 조율하여 진행할 수 있게 된 것이다. 처음에는 친목 활동으로 시작되었던 학생들의 요구는 점차 교과 시간으로 확장되었다. 일례로, 사회 시간에 우리 동네 지도 만들기 활동을 하면서 아이들은 지도에 표시된 곳에 직접 가보고 싶다는 이야기를 했다. 이를 시작으로 나는 아이들과 함께하는 우리 동네 탐방을 계획했다. 만일 이를 교사가 제안했다면 아이들은 그저 무의미하게 돌아다녔을 수도 있을 것이다. 그러나 학생의 요구를 교사가 적극 수용함으로써 동네 탐방은 학생의 필요와 기대를 충분히 충족시킬 수 있는 수업이 되었다. 동네 탐방을 마친 후 결과를 정리하면서 '친구들에게 탐방 결과를 편지로 소개하면 더 재미있지 않을까?'라고 생각한 것이 다른 학교와 서로의 동네를 소개하는 편지를 주고받는 이벤트로 연결되기도 했다. 이처럼 3학년을 맡으니 작년보다 확실히 여유가 생겼고, '학생의 요구와 교사의 수용, 학생의 자발적 참여와 교사의 안내, 새로운 도전과 기대 이상의 성과'라는 프로젝트 수업의 장점을 확인할 수 있었다.

민주주의는 어려워

혁신학교에는 학년 또는 학교 전체에 적용되는 프로젝트가 많았다. 개별 학급을 대상으로 진행하는 프로젝트에 익숙했던 나로서는 학년 또는 학교 전체적으로 진행되는 프로젝트는 새로운 경험이었다. 물론 혼자 계획하는 것보다 여럿이 함께하면 더 의미가 있겠다고는 생각하고 있었다.

그런데 예상치 못했던 의견 차이로 힘들어지는 경우가 종종 발생했다. 서로가 친절한 동료이자 열정적인 교사인 것은 인정하지만, 상대방의 의견을 있는 그대로 수용하지는 못했던 것이다. 학습 준비물, 체험학습 일정 등 가벼운 의견 차이는 수월하게 해결되었다. 그러나 '혁신학교에 어울리는 독서 캠프란 어떤 것인가?'와 같이 '혁신'이 들어가는 논의에서 발생한 의견 차이는 쉽게 좁혀지지 않았다. 회의가 길어질수록 서로의 의견은 점점 멀어지게 되었다. 의견에 차이가 있다는 것은 아주 당연한 것인데, 서로 그걸 인정하지 못하면서 갈등이 발생했다. 끝내는 상대에게 실망하고, 회의의 분위기는 딱딱하게 경직되어 버린다.

서로 다르다는 것을 머리로는 알아도, 진정으로는 그것을 인정하려 들지 않았다. 설득이라는 말로 포장하여 상대방을 인정하지 않고 가르치려 했다. 결국에는 서로 감정이 상할 수밖에 없다. 이렇게 긴장된 상황이 연출되면 평화주의자 교사들은 조심스럽게 분위기를 바꾸기 위해 노력한다. 그 노력이 순간적으로는 효과를 나타내지만, 똑같은 상황이 반복되면 더 이상 그것도 소용이 없다.

나도 물론 그렇지만, 많은 교사들이 민주적인 토론에 약하다. 자신의 입장만 생각할 뿐, 상대방의 입장을 고려하는 데 익숙하지 않다. 또한 자신과 다른 의견을 제시하거나 동의하지 않는다는 말을 공격으로 받아들인다. 자신의 주장을 관철하기 위해 이야기를 반복할 뿐, 상대방이 우려하는 점을 진지하게 받아들이고 대화해 보려 하지 않는다. 그러다 보니 밝은 분위기로 시작한 회의는 이야기가 진행될수록 서로 말하기를 조심하는 긴장된 상황이 연출된다. 물론 사회자는 무슨 이야기든지 다 해도 좋다고 말하지만, 몇 명이 다른 의견으로 각자의 주장만 반복적으로 하다 보면 그 나머지는 어느 순간부터 조용히 듣고만 있는 것이다.

어쩌면 당연한 일일지도 모른다. 살면서 민주적인 토론을 해본 경험이 몇 번이나 있을까. 교과서와 책을 통해서 민주적인 토론이 무엇인지는 물론 배웠지만, 실제로 해본 적은 거의 없었다. 많은 교사들도 마찬가지일 것이다. 대부분이 일방적인 지시 사항을 전달하는 교직원 회의, 교장의 독단적 판단에 항의하는 교직원 회의를 주로 경험했을 것이다. 민주적인 토론을 경험해 보지 못한 교사가 민주적인 토론을 한다는 것은 얼마나 어려운 일인가.

나는 이곳에서 처음으로 민주적인 토론하는 법을 연습하고 있다. 물론 쉽지 않다. 그 순간이 힘들고 괴로울 때가 많다. '회의가 진행될수록 회의적이 된다.'라고 농담처럼 말하지만, 그게 진심일 때도 있다. 때로는 내가 인정할 만한 뛰어난 리더가 모든 것을 단번에 정리해 주기를 바라기도 한다. 하지만 그것은 민주주의라고 말할 수 없을 것이다. 민주주의는 뛰어난 리더의 능력이 아니라 모든 사람의 참여와 민주적 토론으로 이루어지기 때문이다. 거듭할수록 어려운 일이다.

그게 될까요?

코로나19 팬데믹 때문에 하면 안 되는 것들이 많이 생겼다. 특히 현장학습, 체육대회, 음식 만들어 먹기, 물총 싸움처럼 학생들이 재미있어 하는 활동 대부분이 하면 안 되는 것이다. 자리에 조용히 앉아 교과서를 보는 모습이 대표적인 수업 모델이 되어가고 있다. 이러한 상황은 학생들에게 어떤 영향을 미칠까?

학교에서 배우는 지식은 매우 중요하다. 하지만 학교에서 배워야 하는 것은 지식만이 아니다. 무언가를 하고 싶다는 마음을 가질 수 있어야 하고, 그것을 위해 필요한 지식을 채울 수 있어야 하며, 그것을 해 낼 수 있는 역량을 학교에서 경험해야 한다. 그러나 현재 코로나19 팬데믹 상황은 거리두기(관계, 신뢰의 부재)와 지식 중심의 수업(경험의 최소화)으로 교실을 바꾸고 있다. 이러한 변화가 코로나 이후에도 영향을 미칠 것이라 생각하니, 두려움이 생기지 않을 수 없다.

4학년 사회 단원 중 서울의 역사, 문화, 지리를 이해하는 부분이 있다. 코로나 이전에는 답사하기 전 자료를 조사하고, 버스를 타고 서울의 여러 지역을 답사한 후 답사 보고서를 작성하는 순서로 서울을 공부했다. 그런데 현재는 이러한 방식의 수업이 불가능하게 되었다. 교실에 앉아서 책을 보거나 유튜브를 보면서 배워야만 한다. 물론 교사가 공들여 수업을 구상한다면 앞서 언급한 방법보다 효율적으로 지식을 전달할 수는 있다. 그렇지만 배움은 수동적이게 되고, 수업은 교사 중심이 된다. 수동적으로 배운 지식은 그리 오래 지속되지 못한다. 그리고 이러한 지식이 학생들에게 '무언가를 하고 싶은 마음'이나 '무언가를 할 수 있는 역량'에 미치는 영향은 미미하다. 또한 가르치는 교사도, 배우는 아이들도 수업이 너무 지루해진다. 더욱 안타까운 점은 함께 어울리면서 사회성을 기를 수 있는 기회를 가질 수 없다는 것이다. 몸을 움직이며 함께 어울리고 감정을 교류하면서 친밀감을 나눌 기회가 사라졌다.

우리에게는 '배우는 즐거움'이 필요하다. 그런데 이런 상황에서 '재미'를 찾는다는 것은 정말 쉽지 않다. 그 누구도 거역할 수 없는 '방역 수칙'이라는 절대 권력 앞에서 말랑하고 가벼운 '재미'를 논하는 것은 너무 어리석은 짓이다. 그렇게 다른 대안 없이, 그저 아이들은 학교에 다녔고 교사는 수업을 했다.

그러던 어느 학년 회의 시간이었다. 이런저런 이야기를 나누다 갑자기 한 교사가 말했다.

"수업이 끝난 후에 희망하는 아이들만 모아서 소규모로 서울 중심지 탐방을 가보는 것은 어떨까요?"

그 이야기에 나는 '훅' 하고 마음이 끌렸다. 하지만 불가능할 것이라는 생각이 들었다.

"재미있겠네요. 그런데, 그게 될까요?"

이런 내 물음에 대한 동료 교사들의 대답은 예상을 벗어나는 것이었다.

"같이 해요!"

우리는 이 계획을 교장 선생님께 말씀드렸다. 일반적인 관리자라면 '학년 교육과정에 계획이 있나요? 안전 문제는 어떻게 할 것인가요? 다른 학년이 보면 4학년만 너무 튄다고 하지 않겠어요?' 등의 대답으로 반대 의사를 분명하게 표현했을 것이다. 하지만 새로운 도전을 격려하고 지지하는 우리 학교의 교장 선생님은 이 계획을 흔쾌히 허락했다. 물론 이러저러한 이유로 계획서를 수정하여 다시 제출하라는 요구도 하지 않았다. 교사들을 전적으로 신뢰했고, 교사들의 열정에 적극적인 지원을 보내주었다. 아무 조건도 내걸지 않았으며 관리자의 '허락'을 요구하지도 않았다.

"좋은 생각이네요. 그렇게 하세요!"

이것이 전부였다. 20년간 교직 생활을 하면서 내가 경험한 교장은 그렇지 않았다. 인성이 많고 사리 분별이 정확하며 업무 추진 능력이 뛰어났던 교장도 관리자의 '허락'은 포기하지 않았다. 이런 부분에서는 우리가 운이 좋게도, 무언가를 계획하고 도전하기에 최적의 관리자를 만났다고 할 수 있다.

4학년 서울 중심지 탐방 코스는 세 가지로 만들었다. ① 시청 코스(덕수궁, 시청), ② 경복궁 코스(경복궁, 통인 시장), ③ 청계천 코스(청계천, 광장 시장, 홍인지문). 먼저 계획서를 만들고 이를 바탕으로 기안을 올린 후 가정통신문을 발송했다. 이 모든 일을 혼자 했다면 많은 에너지를 쏟아야 했겠지만, 같은 학년 선생님들 모두가 함께 준비했기에 수월하게 진행할 수 있었다. 우리 반은 19명 가운데 3명을 제외한 16명이 신청하였다. 일주일 사이에 세 곳을 가는 것이 교사들에게 체력적으로 부담스럽긴 했지만, 긍정적인 마음으로 해보기로 했다.

답사 계획을 세울 때 중요하게 생각한 것 중 하나는 아이들이 목적지까지 직접 찾아가게 하는 것이다. 서울 외곽에서 중심지로 가려면 이동시간만 1시간이 넘고, 대중교통 환승도 해야 한다. 그래서 아이들은 지하철 역에 찾아가기, 목적지 방향에 맞게 탑승하기, 환승하기, 정확한 출구로 나가기 등을 교실에서 미리 숙지했다. 우리는 이 경험이 아이들에게 새로운 세계를 알게 해줄 것이라고 생각했다. 어른을 따라다니기만 했던 익숙한 세계에 살던 아이들이 스스로 낯선 곳을 찾아가는 모험을 시도하는 것이다.

"너희가 지하철을 반대로 타면 선생님도 같이 반대로 탈 거고, 너희가 길을 헤매면 선생님도 같이 헤맬 거야."

이 활동을 진행하는 중 딱 한 번 학생 두 명이 반대 방향의 지하철에 탑승하는 경우가 있었다. 다른 아이들이 얼른 내리라고 손짓을 했지만, 지하철은 무심하게 출발했다. 그 두 아이는 마치 납치당한 사람처럼 살려달라는 표정을 지었다. 남겨진 아이들과 지하철에 갇힌 아이들 모두가 매우 당황했다. 그때 나는 아이들에게 말했다.

"둘에게 전화해서 반대 방향 지하철 타고 돌아오라고 하세요."

씩씩하게 5분 만에 지하철을 타고 되돌아온 두 아이는 아주 큰 모험을 한 것처럼 모험담을 풀어놓고 있었다. 기다리던 아이들도 많이 놀랐는지 쉴새없이 이야기를 하고 있었다. 새로운 경험을 한 아이들의 모습을 바라보는 것은 늘 새롭고 흥미롭다. 이런 모습을 교실에서도 볼 수 있다면 얼마나 좋을까?

활동 예산은 교육 취약 학생이 포함된 그룹에는 희망 교실 예산, 그 외의 그룹은 학급 운영비를 사용했다. 올해부터 개산급으로 학급 운영비를 받았기에 가능했다. 아이들은 함께 사진도 찍고 시장에서 맛있는 것도 먹고 기념품도 샀다. 그러는 동안 아이들은 서로를 매우 가까운 사이로 여기기 시작했다. 나는 아이들이 이 순간을 잊지 말고 교실에서도 잘 지낼 수 있기를 바랐다.

학생들이 서로 친밀감을 바탕으로 신뢰를 형성하는 것은 매우 중요하다. 학급의 모든 활동은 이러한 관계가 바탕이 되어야 한다. 그렇지 않으면 불필요한 오해와 사소한 긴장으로 학급의 활동이 엉망이 되거나 시시하게 끝날 수 있기 때문이다. 그래서 친밀감을 바탕으로 한 새로운 도전을 통해 학생들이 자부심을 느끼는 것은 서울의 중심지에 대한 지식을 아는 것만큼 중요하다.

현장에 도착해서 정해진 코스를 걸을 때는 매우 평온했다. 궁궐의 웅장한 모습을 보았고, 시청 로비를 돌아다니며 유리로 된 건물을 신기하게 만져보기도 했다. 청계천에서는 분수대를 바라보며 편안한 휴식을 즐기기도 했다. 교실에서 강의식 수업을 했다면 느껴보지 못했을 인상적인 순간이었다.

이러한 체험 활동이 좋은 이유 중 하나는 부족한 아이와 뛰어난 아이의 간극이 많이 좁혀진다는 점이다. 교과서 위주의 수업이었다면 무기력하게 앉아만 있었을 아이도 체험 활동에서는 사소하나마 자신이 어떤 역할을 하고 있다는 것을 발견하게 된다. 모든 아이들이 똑같은 결과에 도달할 수는 없다. 누군가는 더 높은 곳에 도달할 것이고, 누군가는 그보다 낮은 곳에 멈출 것이다. 그저 자신의 위치에서 조금이라도 더 나아질 수 있다면 그것으로 충분하다. 그렇기에 서로 도와야 하는 것이다. 이 또한 아이들이 느꼈으면 하는 또 하나의 배움이었다.

이 활동은 동료 교사와의 신뢰를 바탕으로 함께 도전한, 나에게는 매우 특별한 경험이었다. 더 나은 교육을 꿈꾸는 동료와 교사를 신뢰하고 지지하는 관리자를 만난 것을 큰 행운이라 생각한다.

그리고 이것이 어쩌다 만나는 행운이 아니라 모든 교육 현장에서 당연한 상식이 되는 날을, 그러한 혁신을 나는 오늘도 기대하고 있다.

교실이라는 생명체는
아이들의 힘으로 살아난다

오현정
서울송정초등학교

교사로 산 지 12년째다. 발령받은 지 얼마 안 되었을 때는 누구보다 수업에 욕심이 많았기에, 과목마다 온갖 좋다는 교수법을 다 적용했다. 수업 준비도 밤늦게까지 했다. 그러면서 아이들이 스트레스 받는 부분을 해소해 주기 위해 놀이 이벤트도 많이 했다. 그렇게 나는 좋은 교사라고, 잘하고 있다고 스스로 생각했다.

그때의 제자들이 종종 찾아온다. 아이들도 내가 당시 많이 노력했다는 것을 느꼈기 때문이리라. 이제 스무 살이 넘은 제자는 그러면서도, 그때 너무 힘들었다고 내게 고백했다. 공부도 너무 많이 하고, 활동도 너무 많이 해서 숨쉴 틈이 없었다고. 엄격했던 선생님이 무섭기도 했다고.

나는 그 제자에게 말했다. 선생님도 선생님이 처음이라, 그게 잘하는 것인 줄 알았다고. 그게 너희에게 제일 도움이 되는 방법인 줄 알았다고. 미안하다고…….

나는 아이들에게 내 권한을 넘기기 시작했다

《지각 대장 존》의 존은 학교 가는 길에 악어를 만나 지각을 하고, 다음 날은 사자를 만나 지각을 한다. 셋째 날도 어김없이 지각을 하는데, 그 이유는 파도를 만났기 때문이다. 존은 선생님께 사실대로 지각한 이유를 설명하지만, 선생님은 믿어주지 않는다. 지각과 거짓말을 한 벌로 지각을 하지 않겠다는 문장을 300번 쓰거나, 교실 구석에서 반성하는 말을 외치거나, 교실에 갇혀있기까지 한다. 그렇게 시간이 지날수록 선생님과 대면하는 존의 모습은 점점 작아지고, 선생님은 반대로 점점 커져 존을 위협한다.

이제와 생각해 보면, 처음 교단에 섰을 때의 나는 《지각 대장 존》의 선생님과 비슷한 교실 분위기로 아이들을 통제하려 했던 것 같다. 매일의 햇빛과 토양으로 충분히 스스로 자랄 수 있는 아이들에게 처음부터 끝까지 철저하게 해야 할 일을 제시해 주고, 꼼꼼하고 자세한 규칙을 세워주고, 쉼 없는 과제 검사로 공부를 하지 않으면 견딜 수 없는 분위기를 조성하여 어서 자라라고 강요하고 통제했었다.

첫 제자들을 2년 연속 맡은 후, 아이들을 진정으로 위하는 것이 무엇인지 진지하게 고민하기 시작했다. 어떻게 하면 나도 행복하고 아이들도 행복한 교실이 될까 생각했다. 그리고 어떻게 하면 내가 시키는 대로 하는 교실이 아닌, 엄격하고 철저한 선생님이 무서워 굴러가는 학급이 아닌, 아이들이 주인공이 되고 아이들이 주도권을 가진 교실이 될까 생각했다. 누군가의 명령으로 살아가는 것이 아니라 자신이 가진 힘으로 스스로의 인생을 개척해 나가는 힘을 기를 수 있긴 바랐다. 그리고 그 힘의 선한 영향력으로 다른 이를, 세상을 변화시키길 바랐다.

그래서 나는 학급 운영의 주도권을 아이들에게 넘기기 시작했다. 교사에게 집중된 힘을 아이들에게 넘기며, 교실이라는 생명체가 아이들의 힘으로 살아나길 바랐다.

아이들에게 주도권 넘기기 1: 교실 속 자치활동은 가능하다

"오늘 점심시간에 여러분의 고민을 해결해 드립니다. 사연을 우체통에 넣어주세요."

우리 반 두레 중 하나인 방송국이 교실 뒤편 게시판에 오늘의 프로그램을 예고했다. 아이들은 저마다의 고민을 적어 우체통에 넣었다. 공부는 열심히 하는데 성적이 잘 오르지 않는다고, 친한 친구 사이가 서먹해졌다고, 오늘 아침에 엄마랑 싸워서 기분이 안 좋다고. 고민을 적는 아이들의 표정이 사뭇 진지하다.

나는 당시 둘째를 임신하여 배가 많이 부른 상태라 "살이 많이 쪄서 고민이에요. 둘째 출산 후 살이 빠질까요?"라는 쪽지를 적어 넣었다. 나의 고민은 어떻게 해결해 줄지 궁금했다.

식사를 마치자 방송국에서 ㄷ자로 책상을 배치해 달라고 요청했다. 일사불란하게 자리를 만들자 기다리던 고민 상담 라이브 방송이 시작했다. 우체통에서 고민을 뽑아 아이들의 시선으로 상담을 진행하는데, 어떻게 저런 생각을 할까 싶을 정도로 나름의 깊이가 있었다. 아이들의 순발력을 엿볼 수 있는 시간이기도 했다. 세 번째쯤에 내가 넣은 고민이 채택됐다. 아이들은 나를 앞으로 나오게 했다.

"왜 이런 고민을 보내셨나요?"

"둘째 출산을 앞두고 있는데, 출산 후 그동안 찐 살을 어떻게 뺄지 고민이에요."

30초 정도 사회를 맡은 아이들끼리 이야기를 하더니 해결 방안을 주었다.

"안.빠.집.니.다."

그러면서 식단과 운동을 병행하는 피나는 노력을 해야 한다고 말해주었다. 교실은 웃음소리로 가득 찼다. 물론 당연한 이야기였지만, 고민을 함께하려는 노력과 유쾌한 해결책을 제시하는 즐거운 분위기가 모두를 웃게 했다.

이렇게 나는 자치활동을 강화하는 방식으로 아이들에게 교사의 주도권을 넘겼다. 우리 교실에는 방송국을 비롯해 도서관, 건강 관리 공단, 놀이동산, 연구소, 경찰청 두레가 있다. '두레'라는 말은 농번기에 각 집에서 한 명씩 일손을 모아 공동으로 일을 하던 조직을 뜻하는 말이었는데, 어떤 일을 자체적으로 함께 해낸다는 뜻과 말이 예뻐 자치활동을 하는 아이들 모임을 이르는 말로 사용하고 있다. 각 두레는 지원 신청서를 받아 구성되고, 학급 회의 시간에 두레별 활동을 발표한다.

도서관은 책 읽기에 관련된 모든 활동을 계획하고 실행한다. 학급 도서의 대출을 관리하고 독서 골든벨이나 보물찾기 등 책 관련 행사를 주최한다. 건강 관리 공단은 학급의 건강을 위한 활동을 한다. 중간 놀이 시간에 모둠별 시합을 열기도 하고, 정기적으로 아이들 건강을 위한 활동을 제안한다. 방송국은 아침이나 점심시간을 활용하여 반 아이들을 위한 방송을 한다. 아침에는 일기예보처럼 오늘 하루를 정리하여 미리 말해 주기도 하고, 점심시간에는 여러 가지 사연을 소개하며 음악을 틀어주기도 한다. 놀이동산은 우리 반 '놀이'와 관련된 모든 것을 맡는다. 아이들은 놀이동산 친구들에게 하고 싶은 놀이를 신청하고, 놀이동산은 학급 두레별 게시판에 시간과 놀이 종목을 미리 공지한다. 모두의 의견을 모으기 때문에 꽤 참신한 놀이가 선정되고, 무엇보다 아이들 스스로 정한 놀이기 때문에 참여율과 호응도가 높다. 연구소는 학습과 관련된 모든 활동을 주관한다. 수업 진도에 맞게 퀴즈를 내거나 게임을 진행하는 식으로 수업 시간에 배웠던 내용 중 어려운 부분을 다시 복습할 수 있는 활동을 준비한다. 마지막으로 경찰청은 우리 반의 규칙을 세우기 위한 활동을 한다. 교사인 나는 아이들의 자치활동 시간을 조율하고, 도움을 필요로 할 때 조언해 주는 조력자 역할을 하면 된다.

아이들은 교실이 함께 살아가는 작은 사회임을 인정하고, 합의하여 규칙을 세우고 지킨다. 스스로 필요성을 깨닫고 함께 정한 규칙이기 때문에 그것을 존중하고 지키기 위해 노력한다.

학기 초에 교사가 자치활동을 위한 체계를 세우고 개입을 했다면, 점차 그 정도를 줄이고 아이들의 권한을 강화해 나간다. 놀라운 것은 안내만 제대로 해주면 교사의 개입이 줄어들수록 아이들은 더욱 행복해한다는 것이다. 아이들은 자신이 교실의 주인이며, 존중받고 있다고 느끼는 순간 주도적으로 변하고 자란다. 교사는 그저 해바라기의 햇빛처럼 방향을 잡아주고, 자양분이 풍성한 토양이 되어 아이들의 필요에 맞는 요구가 실현될 수 있도록 지원해 주면 된다.

아이들에게 주도권 넘기기 2: 아이들의 의견에 따른 학교 증축

주변에 아파트가 세워지고 입주가 늘면서 학급당 학생 수가 너무 많아졌다. 이 때문에 교실 수를 늘리기 위한 증축이 불가피했다. 그런데 일조권, 소음 등 건물이 지어졌을 때 예상되는 문제에 대한 민원이 폭발적이었다. 따라서 몇 회에 걸쳐 주민 공청회를 했고, 학부모님들 중 건축 관련 일을 하는 분의 조언을 들었으며, 교직원을 중심으로 태스크포스팀을 꾸려 결국 두 가지의 의견이 추려졌다. 첫 번째는 수평으로 건물을 늘리는 것, 두 번째는 건물 위에 한 층을 쌓아 높이를 높이는 것이었다. 첫 번째 의견은 아이들의 놀이공간이 줄어들 수 있었고, 두 번째 의견은 등교할 때 계단을 많이 올라가야 교실에 도착할 수 있었다. 이렇듯 교실을 어디에 새로 짓느냐는 아이들의 생활과 밀접하게 연관된 일이었으나, 방안이 마련되는 동안 정작 아이들에게 의견을 묻는 과정은 한 번도 없었다.

당시 6학년 담임이었던 나는 학급 회의 시간에 아이들에게 학교 증축에 관한 내용을 설명하면서 "어느 쪽에 교실이 생기는 것이 좋겠니?"라고 물었다. 공사에 시간이 걸리기 때문에 곧 졸업을 앞둔 6학년 아이들에게는 깊이 관련된 사항이 아니었으나, 아이들은 사뭇 진지하게 토의했다. 수평으로 늘렸을 경우 자신들이 좋아하는 공간이 얼마나 없어지느냐, 수직으로 늘렸을 경우 등하교가 얼마나 더 힘들어지느냐에 대해 열과 성을 다해 이야기했다. 나는 아이들의 이러한 생각들을 관리자에게 전달해야 한다고 생각했다.

"어떻게 하면 교감, 교장 선생님께 우리 의견을 전달할 수 있을까?"

아이들은 효과적으로 의견을 전달하기 위해 시각적 자료가 필요할 것 같다고 했고, 동료 장학을 앞둔 나는 교감 교장 선생님이 교실을 방문하시는 공개수업 시간에 우리의 의견을 전달할 수 있을 거라고 아이들에게 말했다. 이후 건물 모양을 입체적으로 표현하기 용이한 팅커캐드를 이용해 각자 원하는 대로 증축된 학교의 모습을 모델링해 보라고 했더니, 다양한 결과물이 나왔다.

그 외에도 학교시설에 관한 건의 사항을 접착 메모지에 적어 전지에 붙이고, 그것을 같은 종류끼리 묶어보았더니 '모둠활동 공간이 있었으면 좋겠다.', '동물을 키웠으면 좋겠다.', '놀이공간이 더 있었으면 좋겠다.' 등 아이들의 필요를 담은 몇몇 의견들을 추릴 수 있었다. 수업 후 결과물을 모아 교장 선생님께 전달했다.

이후 전교 어린이 회의에서 학교 증축에 관한 내용이 언급되었고, 드디어 아이들의 의견을 수렴하는 과정을 가지게 되었다. 긴 논의 끝에 결국 수평으로 넓히는 방안이 채택되었고, 12개의 교실이 늘어났다. 또 건의 사항으로 제시한 첫 번째 요구인 '모둠학습이 가능한 공간이 있었으면 좋겠다.'라는 의견이 반영되어 '무지개 쉼터'가 생겼으며, 두 번째 요구인 '동물을 키웠으면 좋겠다.'라는 의견은 애벌레를 키우는 곳이 생기는 것으로 반영되었다. 이 애벌레들은 후에 나비가 되어 날아갔다. 또한 '놀이공간이 있었으면 좋겠다.'라는 의견은 건물을 필로티 형태로 지어 1층 바닥에 달팽이 놀이나 사방치기를 할 수 있는 공간을 만들어 아이들이 놀 수 있는 공간을 마련해 주는 것으로 반영되었다.

이처럼 아이들의 의견을 수렴하는 과정을 거쳐 학교는 변했고, 이는 아이들에게 학교의 주인이 자신들이라는 생각을 심어주는 소중한 경험이 되었다.

아이들에게 주도권 넘기기 3: 상추를 먹으려 했던 것뿐이야

6학년을 맡았던 어느 해, 실과 시간에 교과서 선택 활동에 나온 대로 상추를 심었다. 상추 잎은 자라는 대로 부지런히 따주어야 한다. 그래야 계속 새잎이 나서 야들야들한 상추를 먹을 수 있다. 점심 급식은 매일 풍요로웠기에 어떻게 아이들과 상추를 먹을 수 있을까 같은 학년 동료 교사들과 모여 고민했다.

"어떻게 해야 상추를 맛있게 먹을 수 있을까요?"

"상추는 삼겹살이랑 먹어야 제맛이죠!"

"그럼 아이들 저녁을 먹여야겠네요."

"저녁 먹이고 나서 그냥 보내기가 좀 그런데……. 그럼 저녁 먹인 김에 같이 놀까요?"

그렇게 우리는 상추를 먹기 위해 6학년 모두가 학교에서 야영을 하게 되었다.

학교에서 1박 2일 야영을 하기로 한 날, 아이들의 등굣길은 예전과 달랐다. 양손에는 먹을거리와 침낭을 들고 목소리는 들떠 있었다. 등교 맞이를 해주신 교장 선생님은 표정만 봐도 누가 6학년인지 알 것 같다고 말씀하시며, 아이들이 즐거워해서 함께 행복해지는 느낌이 든다고 하셨다.

수업이 끝난 후 시청각실에 6학년 전체가 모두 모였다. 모든 체험의 시작은 안전교육이다. 하지만 우리는 첫 교실 야영을 평범하고 고루하게 시작하고 싶지 않았다. 그래서 랩 배틀 프로그램에 출연해 기획사 연습생으로 있는 학생에게 부탁해 안전교육 내용을 랩으로 만들어 공연했다. 아이들은 처음 보는 친구의 멋진 모습에 환호했다. 화면에 랩 가사를 띄워 내용 전달력을 높였다.

먼저 상추와 쌈 채소를 수확한 후 미리 계획해 둔 여섯 개의 놀이 코스를 6개 반 담임 교사들이 하나씩 맡아 아이들이 순서대로 체험할 수 있도록 했다. 2인 3각 달리기, 긴 줄넘기, 심리테스트, 물통 던져 세우기, 물총 놀이, 교실 놀이 등 간단한 활동이었는데도 학교에 우리뿐이라는 것 자체가 좋았는지 아이들은 내내 즐거워했다.

놀이 활동이 끝나고 저녁 식사 준비를 시작했다. 삼겹살을 기본 메뉴로 하고, 모둠별로 다른 요리 하나를 더 하기로 했다. 연기가 나면 화재 경보가 울리는 학교 건물 구조상 건물 밖 보도블록에 버너를 설치하고 고기를 구웠다. 아이들은 자신들이 직접 키운 상추를 곁들인 삼겹살과 서툰 솜씨로 만든 요리를 태어나 먹은 것들 중에 가장 맛있다며 신나게 먹었다. 아이들의 행복한 순간을 함께한 교사들도 그 모습을 마음에 배불리 담았다.

저녁 프로그램은 아이들이 직접 구성할 기회를 주기로 했다. 아이들은 학급 회의를 통해 하고 싶은 프로그램을 선정하고, 각자의 역할을 정했다. 이를 통해 아이들은 의견이 다를 때 상대방을 설득하는 방법과 다른 사람의 말에 귀를 기울이는 방법을 배웠다. 아이들은 자신들이 직접 선정하고 진행을 맡은 프로그램에 더욱 적극적으로 참여했다.

각종 퀴즈부터 복불복 게임, 안대를 쓰고 친구를 찾는 좀비 게임까지 교실 안은 웃음과 함성으로 가득했다. 누가 시키지도 않았는데 복불복 음식을 만들어오는 열정을 보여준 한 아이는, 자기가 만든 고추냉이가 가득한 유부초밥을 자기가 먹어 웃음바다를 만들기도 했다.

아이들은 교실에 함께 누워 깔깔대며 밤을 보냈다. 교실 야영의 첫 시작은 교과서에 나온 대로 단지 상추를 심는 것이었는데, 우리는 함께 먹고 자며 행복한 시간을 보냈다. 프로그램의 주도권을 교사에서 아이들에게 넘기니 아이들은 훨씬 더 행복해했다. 저녁 식사를 하기 전 교사들이 준비한 프로그램보다, 학급 회의를 통해 선정하고 직접 진행한 프로그램에 더 즐거워했다.

아이들에게 자유와 선택의 기회를 준 것은 아이들에게 가장 큰 선물이 되었다. 이러한 경험들이 쌓여, 아이들이 훗날 각자 속한 영역에서 주인공으로 살게 될 수 있게 되길 바란다.

아이들에게 주도권 넘기기 4: 아이들이 주인공인 발표회

5학년을 맡았던 해였다. 학교에서는 격년으로 발표회를 했다. 기존에는 반별로 전교의 모든 학생들이 순서대로 올라가 발표를 하는 행사였는데, 대기 시간이 엄청났다. 게다가 많은 리허설로 본 공연 전에 반복하여 서로의 공연을 봐야 했다. 아무리 훌륭한 공연도 짧은 시간 내에 몇 번씩 봐야 한다면 지루할 것이다. 또한 수업 시간을 할애하여 연습 시간을 확보해야 해서 수업 진도에도 큰 영향을 미쳤다. 결국 지금의 발표회는 학교를 위한 것도, 아이들을 위한 것도 아니라는 이야기가 나왔다.

"어떻게 하면 아이들도 즐기는 발표회가 될 수 있을까요?"

"발표회 처음부터 끝까지 아이들이 맡으면 어떨까요? 누군가에게 보여주기 위한 것이 아니라 지금까지 배운 내용을 정리하는 의미로요."

우리는 학년 회의를 거쳐 이 의견을 수용하기로 했다. 학교가 진행하는 큰 행사에 아이들이 단지 작은 한 부분이 되는 것이 아니라, 기획부터 구성, 연습까지 모두 아이들이 주도할 수 있도록 한 것이다.

아이들은 학급 회의를 통해 어떤 내용을 발표할지 직접 정했다. 한 해 동안 과목별로 배우고 익힌 것을 나열하니 한 시간 반 정도로 충분히 구성할 수 있는 내용이었다. 수업 시간에 했던 활동부터 개인적으로 방과 후에 배운 활동까지 내용도 다양했다. 2학기에 배웠던 역사 이야기로 꾸미는 연극은 명성황후 연기가 일품이었던 모둠이 하기로 했고, 체육 시간에 배웠던 필리핀 전통 민속 무용 티니클링은 구성원 간 호흡이 유난히 잘 맞았던 모둠이 하기로 했다. 그 밖에 음악 줄넘기, 영어 연극, 악기 연주, 관객 참여를 위한 레크레이션, 방과 후 시간에 배웠던 마술 등 다양한 공연에 각자 원하는 역할을 정해 나눴다. 그리고 소외되는 친구들이 있는지 살펴보고 최소 두 번씩은 무대에 올라가게끔 인원을 배치하는 것도 잊지 않았다. 공연 순서도 분장과 의상을 고려하여 맡은 것을 충분히 준비하여 올라갈 수 있도록 배치하면서도, 관객과의 호흡을 생각한 공연의 흐름 또한 놓치지 않도록 토의하였다. 이렇게 아이들은 서로를 배려하고 존중하며, 소통을 통해 자신들의 공연을 만들어나갔다.

"우리가 열심히 만든 발표회인데, 홍보도 해야 하지 않을까요?"

한 학생의 제안으로 우리의 다음 미술 시간은 '발표회 초대장 만들기'가 되었다. 초대장을 만든 후 학교에서 제일 잘 보이는 곳에 포스터도 만들어 붙이기로 했다. 모둠별로 만든 포스터는 교내에서 동선이 제일 많은 곳을 찾아 붙였다.

그동안 계속해 오던 것을 약간 다듬어 발표회를 구성했기 때문에 연습을 위해 수업 시간을 침해할 필요가 없었고, 일괄적으로 모두 같은 것을 하지 않고 그동안 배운 것 중 하고 싶은 것을 골라 참여했기 때문에 아이들은 교사의 통제 없이도 스스로 움직였다. 관객을 위한 반복된 예행연습을 하지 않았기 때문에 다른 반의 공연을 관람할 때 반응도 자연스럽고 폭발적이었다. 큰 개체의 일부가 아닌 아이들이 중심에 선 순간, 이 발표회는 아이들이 주인공인 영화가 되었다.

교사인 나는 여전히 고민한다

어떤 일을 하루 3시간씩 10년 동안 하면 1만 시간의 훈련이 되어 그 분야의 전문가가 된다는데, 교사 12년 차인 나는 여전히 매년 어렵다. 전년도와 동일한 학년을 맡아 같은 교수법을 적용해도 다음 해의 아이들이 받아들이는 것은 또 다르고, 같은 교실에서 똑같이 가르쳐도 아이들마다 배운 것을 발산하는 모양새도 다르다. 그래서 나는 지금 이 순간도 무엇을 어떻게 가르치면 좋을지 고민하고 있다.

여전히 나는 연약한 교사다. 내가 마음을 쏟았는데 그만큼 돌아오지 않을 때 실망하기도 하고, 공교육을 사교육보다 아래에 두는 학생과 학부모의 태도에 낙담하기도 한다. 그래도 이제는 나의 욕심이 아이들을 힘들게 할 수도 있다는 것을 인정하게 되었으니, 교사로서 조금은 성장했다고 말할 수 있을까?

내가 낙담하는 순간마다 그 수많은 고민을 혼자 하게 내버려 두지 않고 함께해 준 공동체가 바로 혁신학교이다. 아이들의 필요와 욕구를 어떻게 채워줄 수 있을지, 아이들에게 무엇이 좋은 것인지를 함께 고민해 준 동료가 있는 곳. 교편의 무게가 버거울 때 서로 나눠 지며 함께 걷자 말해주는 곳. 교사와 아이들이 함께 성장할 수 있는 발판이 되는 곳. 이런 혁신학교 공동체가 있었기에 가장 보수적인 집단인 학교가 이만큼이나 변화할 수 있지 않았나 생각한다. 혁신학교의 많은 긍정적 요소들은 이미 일반 학교에 선한 영향력을 끼쳐 교육계가 변화하는 데 일조하고 있다.

마지막으로 나는 나와 함께 한때를 살아간 제자들이 강해지길 바란다. 함께 지내며 배운 자발적 주도성이 세상을 살아가는 힘이 되길 바란다. 세상의 조연이 아닌 주인공으로 자신의 삶을 계획하고 주도하여 결국에는 그 영향력이 세상을 좀 더 이롭게 하기를 바란다.

이를 위해 나는 여전히 아이들과 함께 고민하는 혁신학교 교사다.

어느 만남
이야기

김경혜

서울수리초등학교

아이들을 키우며 함께 배우고 자라고 있는 학부모이자 초등 교사이다. 한 아이를 내게 보내주신 귀한 존재로 생각하고, 당연함이 아닌 감사함으로 여기며 살아가고자 한다.

소중한 한 사람 한 사람이 모여서 함께 생활하는 학교. 서로 사랑하고 존중하며 함께 성장하기를 바라는 마음으로 글을 쓴다.

첫 번째 만남: 아이의 학교

우리 아이가 만 6세, 어느덧 초등학교에 갈 나이가 되었다. 아이의 초등학교 입학을 앞두고 나는 고민에 빠졌다.

'내성적이고 부끄럼 많은 우리 아이가 새로운 환경에 잘 적응할 수 있을까?'

이런 내 걱정과는 달리 아이는 서서히 학교생활에 스며들더니, 학교를 무척 즐거운 곳으로 생각하고 좋아하기 시작했다. 하교 후 학교에서 있었던 일을 재잘재잘 이야기하는 아이의 모습이 기쁘고 감사했다. 우리 아이가 입학한 학교는 집 앞에 새로 생긴 혁신 초등학교였다.

내 아이가 다니는 학교! 이렇게 이 학교와의 첫 만남이 시작되었다.

두 번째 만남: 혁신학교에 발령받다

아이가 3학년이 될 무렵, 전근을 가게 되었다. 그런데 발표가 나던 날, 나는 머리가 떵하고 가슴이 두근거려 현기증마저 느꼈다.

'우리 아이가 다니는 학교에 발령을 받다니! 집이 학교 바로 앞인데…… 어쩌지? 스스럼없이 지내던 동네 분들과는 이제 어떻게 지내야 하나…….'

두 번째 만남이 시작되는 순간이었다. 혁신학교는 더 이상 관망의 대상이 아닌 내 아이가 다니는 학교이자, 내가 출근하는 학교이고, 이웃이 학부모가 되는 학교인 것이다. 나는 바짝 긴장했다.

그렇게 걱정을 한가득 안고 맞은 첫 출근날, 나는 학년 배정과 업무 분장표를 전달받았다. 눈이 번쩍 뜨였다.

'어? 여기는 선생님들이 각자 맡은 업무가 별로 없네? 부장 업무는 왜 이리 많아? 도와줄 계원도 없네……?'

다시 봐도 특이한 업무 분장표였다. 게다가 학교에서 나눠준 혁신교육 책자에는 수많은 교육활동과 체험, 그리고 생소한 명칭의 프로그램들로 가득 차 있었다. 나는 눈앞이 캄캄해지는 것을 느꼈다.

'아니, 이 많은 업무를 다 한다니. 이게 혁신학교의 실체인가?'

안 좋은 예감은 항상 틀리는 법이 없더니, 이번에도 마찬가지였다. 심지어 나는 처음 맡아보는 6학년 부장으로 보직 임명을 받았다. 무거운 마음과 함께 혁신학교와의 또 다른 만남이 시작되었다.

낯선 문화와 마주하기 1: 자리 배치와 토의 문화

낯섦. 자리 배치

혁신학교에 발령받은 나는 여러 낯선 문화와 마주해야 했다. 실은 그 문화가 처음부터 편안하지만은 않았다. 새롭고 신기한 면도 있었지만, 마음이 불편하고 고민스러운 면도 있었다. 낯선 문화와 마주하기는 부임 첫날부터 시작되었다.

교직원 회의는 보통 교무실에서 열린다. 그런데 이 학교에서는 특이하게도 교실에 모여서 회의를 한다고 했다. 가보니 책상 배치가 ㄷ자로 되어 있어 교사들끼리 얼굴을 보며 회의를 할 수 있는 형태였다. 교감, 교장 선생님조차 ㄷ자 책상의 한쪽 구석에 앉아계셔서 처음엔 어느 분이 교장 선생님인지 알아보기도 쉽지 않았다.

책상 배치와 관련한 에피소드는 이것뿐만이 아니다. 당시 사정상 교직원 회의는 항상 우리 교실에서 진행을 하게 되어 있었다. 나는 처음 수업을 할 때 기존 학교에서와 같이 칠판을 바라보는 일렬 형태로 책상을 배치해 수업하였고, 교직원 회의 전에 이 책상 배치를 ㄷ자로 바꿔놓지 않았다. 그런데 교직원 회의 시간이 되어 동료 교사들이 하나둘씩 교실에 들어오다가 당황하는 것이었다. 나는 그 이유를 모르고 있었는데, 다음날 한 선생님이 조용히 말씀해 주셨다.

"부장님, 6학년 수업 마치고 바로 교직원 회의 장소로 교실을 내어주셔서 감사해요. 그런데 괜찮으시다면 수업하실 때, 그리고 회의할 때 책상을 ㄷ자로 배치해 주실 수 없을까요?"

'아……. 그렇게 하시는 특별한 이유가 있을까요? 아무래도 학기 초에는 아이들이 마주 보고 앉으면 공부에 집중하기가 어려울 것 같아서, 저는 이렇게 한 방향으로 배치하는 게 좋은데요.'

차마 내 생각을 다 말씀드리지는 못하고 이유를 여쭈어보았다.

"아, 학생들도 선생님들도 자유롭게 소통하려면 ㄷ자 배열이 더 좋으니까요."

교실을 회의 장소로 사용하다 보니 책상 배열을 마음대로 할 수 없다는 생각에 다소 불편한 마음이 들었다. 하지만 시간이 지난 후 차차 알게 되었다. 이 구조가 교직원 회의뿐만 아니라 학생 간의 상호작용과 토의 등을 할 때 매우 용이하다는 사실을.

낯섦. 토의 문화

또 다른 낯선 문화는 교직원 회의, 일명 '교직원 소통 마당'이었다. 학교의 중요한 의사결정은 주로 부장 회의에서 이루어지고, 교직원 회의에서는 10분 남짓한 시간 동안 학교 업무나 행사에 대한 전달을 하기 마련이다. 그래서 우리 교실에서 교직원 회의를 진행해도 되겠냐는 요청에 나는 기꺼이 응한 것이다. 그러나 이것은 나의 엄청난 오판이었다. 매주 월요일 진행되는 교직원 소통 마당은 기본이 삼십 분 이상이었고, 가장 길었던 회의는 두 시간이 넘었던 것 같다. 상명 하달 방식이 아닌, 그야말로 누구나 의견을 낼 수 있고 최종 의사결정에 영향력을 행사할 수 있는 매우 민주적인 토의 문화였다.

놀랍게도 학교의 작은 교육활동부터 입학식과 졸업식 등 큰 행사까지 중요한 사항들을 전 교직원이 모여 방향과 세부 방안에 대해 긴 토의를 통해 결정하고 있었다. 정말 놀라운 장면이었다. 일방적인 전달이 이곳에는 없었다. 혁신학교 부임 초기에는 이해하기 힘들었던 교직원 회의 문화에 대한 낯설고 불편했던 감정이 '교직원 소통 마당'의 중요성에 대한 이해를 바탕으로 서서히 바뀌어갔다. 그러다 문득 깨달았다. 나보다 먼저 이 학교에 다니고 있던 내 아이가 하교 후 집에 돌아와 늘 설레는 표정으로 조잘조잘 이야기를 할 수 있었던 이유를.

'아! 우리 아이가 그토록 즐거워했던 혁신학교 활동들이 이렇게 소통 마당을 통해 여러 사람의 지혜가 모여 만들어진 거였구나!'

낯선 문화와 마주하기 2: 학년 교육과정과 교원 학습 공동체

혁신학교 부임 후 만난 낯선 문화 중에서도 특히 당황스러웠던 것은 학년별 특색 교육과정을 짜야 한다는 것이었다. 나는 그동안 정규 교육과정을 따라 아이들을 성실히 가르쳐 왔다. 그런데 새로 부임한 6학년에서는 주제 중심 교육과정과 프로젝트 수업을 주로 하기 때문에 수업 내용과 순서를 재구성해야 한다는 것이었다.

첫 번째 든 생각은 '왜 해야 하지?'였다. 사실 이해가 잘 되지 않았다. 더 받아들이기 힘들었던 것은 이를 위해 학기 전에 같은 학년 교사들이 모여 교과서를 분석하고 함께 교육과정을 만들어가야 한다는 사실이었다. 특이한 점은 학년부장이 모이자고 한 것이 아니라, 교사들이 자발적으로 교육과정 분석 및 연구를 위해 모이자고 제안을 했다는 것이다.

다른 복잡하고 어려운 일들이 많아서였을까. 더욱 낯설고 생소하게 다가오는 혁신학교의 문화와 학년 교육과정이었다. 하지만 세 아이의 엄마인 후배 선생님과 퇴직을 앞둔 선배 선생님의 적극적인 권유와 열정에 어쩔 수 없이 참여해야 하는 상황이 되었다.

"3월에는 어떤 주제를 중심으로 수업을 구성하면 좋을까요?"

"새 학기니까 만남과 소통이나, 아니면 학교 적응 활동을 중심으로 방향을 잡으면 어떨까요?"

"그러면 만남과 소통을 중심으로 3월 계획을 잡아봅시다. 학교 적응을 위해 안전교육이나 학교폭력예방교육도 같이 실시하면 어떨까요?"

토의는 활발하게 이루어졌고, 분위기는 매우 진지했다. 우여곡절이 있었지만, 6학년을 전문으로 맡아온 선배 선생님의 조언을 바탕으로 약 이틀간 집중 협의와 일주일 이상의 편집 과정을 거쳐 교육과정 재구성을 무사히 완성할 수 있었다.

모임에 참여하며 알게 된 또 하나의 사실은, 학교의 크고 작은 행사들을 6학년 학생들로 구성된 자치활동인 '다모임'에서 결정하고 주도한다는 것이었다. 실과, 사회 교과와 연관된 프로젝트 수업의 일환이라고 했다. 혁신학교의 수업은 교실 안에서만 이루어지는 것이 아니라, 이렇게 모임과 활동을 통해서도 행해진다고 했다. 놀라운 일이었다.

낯설고 우려되었던 첫 마음과 달리 선생님들과의 연구와 교육과정 재구성을 통해 많은 것을 배우고 깨달을 수 있었다. 또 아직 모임 문화에 익숙치 않은 나를 동료 교사들이 많이 도와주기도 했다. 내가 부탁하지 않아도 업무를 나눠 가져가 부담을 덜어주었다. 덕분에 나는 혁신학교 새내기 교사로서 조금은 성장할 수 있었던 한 해를 보냈다.

물음표가 느낌표로 바뀌기까지

이제와 돌아보면, 혁신학교에 발령받은 후 일 년 동안은 낯선 문화와의 만남과 꼬리에 꼬리를 무는 의문의 연속이었다.

'뭐지? 이 분위기는? 이걸 왜 해야 하지?'

하지만 그 일 년은 이렇게 많은 물음표가 느낌표로 바뀌어가는 과정이기도 했다.

'아, 이거구나! 이래서 하는 거구나. 아, 이거 참 좋은 거로구나! 나

도 앞으로 이 방법을 사용해야겠다!'

혁신학교의 낯선 문화를 만난 당황스러움과 심리적 갈등이 깨달음으로 가는 과정은, 그 일 년을 한참 지나온 지금도 진행형이다. 그러나 분명한 것은 이 낯선 문화, 즉 수업과 아이들에 대해 자발적으로 모여 연구하는 교원 학습 공동체, 선생님과 아이들의 자치활동이 함께 만들어가는 학년별 특색 교육과정, 그리고 교직원 소통 마당이라는 혁신학교 특유의 문화가 교사와 아이들을 성장으로 이끈다는 점이다.

함께 배우고 성장하는 우리

혁신학교와의 만남에서 배운 것들이 참 많다. 그중 가장 큰 배움은 교사의 자발성과 교육적 전문성, 그리고 아이들에 대한 사랑과 존중을 바탕으로 아이들의 삶과 맞닿은 교육과정을 고민해야 한다는 것이다.

함께

6학년 아이들과 진행했던 '알뜰 시장 프로젝트'는 처음부터 끝까지 교사와 아이들이 함께했다. 다모임에서의 토의와 투표를 거쳐 시작된 알뜰 시장 프로젝트는 물건 수집과 정리, 홍보와 판매, 수익금 정산과 기부 단체에 전달하는 활동까지 모두 학생이 주체가 되어 결정했다.

이때 교육과정 구성은 교사의 몫이다. 수업의 주제와 목표는 '나눔과 실천'이다. 아이들이 직접 정한 활동의 세부 사항을 각 과목의 특성을 살려 연결하는 것이다. 알뜰 시상 홍보 영상 제작은 국어와 컴퓨터 시간을 활용하고, 간판 제작은 미술 시간에 이루어진다. 자원 관리는 실과와 연계하며, 도덕 시간에는 나눔과 실천 사례에 관해 배운다.

실제로 아이들은 판매 수익금을 가지고 한 재단을 방문하였다. 이 재단은 우리 반 학생의 동생이 치료를 받고 있는 어린이 재활병원을 운영하는 재단이었고, 이런 사정을 알고 있는 친구들이 다모임을 통해 판매 수익금을 전달하기로 결정한 것이다.

"우리가 직접 가게 주인이 되어 물건을 팔아보니 신기했어요."

"장사를 아무나 하는 것은 아니라는 생각을 했어요."

"다른 반 교실을 돌아다니며 알뜰 시장 홍보를 하는 게 많이 떨렸는데, 하다 보니 재미가 붙고 용기가 생겼어요."

"직접 기부 장소를 방문한 것이 가장 기억에 남아요."

"우리의 기부 소식이 페이스북 뉴스로 올라와서 신기했어요."

"장애가 있는 분들을 위해 우리 성금이 잘 쓰였으면 좋겠어요."

이보다 더 아이들의 삶과 맞닿은 교육이 있을까? 나는 아이들의 반응에서 깨달았다.

'이게 바로 살아있는 교육이구나!'

배우고

졸업 공연은 2학기의 가장 큰 프로젝트였다. 이 또한 아이들이 다모임을 통해 정했다.

"모두의 의견에 따라, 졸업 공연을 하는 것으로 결정되었습니다. 이제 어떤 종목을 하는 것이 좋을지 이야기해 보겠습니다."

아이들은 서로 의견을 주고받으며 종목을 정하고 저마다의 흥미와 재능에 따라 팀을 꾸렸다. 그리고 교사들은 시간표를 공유하여 5교시와 6교시를 졸업 공연 준비를 위한 자치활동으로 운영했다.

물론 모든 과정이 순탄하지만은 않았다. 때로는 다투기도 했고, 팀이 바뀌기도 했으며, 서로 간에 끊임없는 협의와 조정이 요구되는 어려운 시간이었다. 하지만 이 과정을 통해 아이들이 다른 사람과 의견을 조율하는 방법, 때로는 자신의 주장을 포기할 줄도 아는 방법, 양보하고 타인의 생각을 수용하는 방법을 배우는 것이 느껴졌다.

'그래, 이거야. 이 과정이 곧 배움이고 성장이구나!'

모든 과정을 잘 마치고 무대에 선 아이들을 바라보는데, 한 명 한 명이 별처럼 빛나 보였다. 그 순간 나도 모르게 흘린 눈물 속에는 아이들과 함께했던 지난 시간과 함께 성장한 나와 너, 우리가 있었다.

성장하는 우리

혁신학교에서 일하며 받은 선물이 있다. 그것은 아이들의 배움의 과정과 성장의 순간을 함께 지켜보고 경험하는 행복감이다.

졸업한 제자들이 학교를 종종 찾아온다.

"선생님, 보고 싶었어요. 중학교 생활 너무 힘들어요."

이렇게 상급학교 적응에 힘들어하던 아이들이 중학교 2학년이 되면 또 달라진다.

"선생님, 저 이번에 학급 회장 됐어요. 그리고 혜성(가명)이도 회장 됐구요. 그리고 선빈(가명)이는 방송부에 들어갔어요."

중학교 생활을 하고 있는 아이들의 이야기들을 듣다 보면 놀라운 사실을 알게 된다. 우리 학교 졸업생 상당수가 중학교에서 학급 회장 등

임원 역할을 수행하고 있다는 것이다. 아이들은 혁신학교에서 자치활동 등을 통해 주도적으로 교육활동을 했던 경험 때문인 것 같다고 말한다. 아이들의 이야기를 통해 잔잔하지만 벅찬 감동이 밀려온다.

'그래, 이거야. 우리 아이들이 이렇게나 성장했구나. 우리가 끊임없이 모여 토의했던 정성이 아이들에게 조금은 전해졌나 보다. 고맙다, 얘들아. 이런 큰 기쁨을 함께하게 해줘서.'

모든 게 어색하고 낯설었던 혁신학교. 발령 초에는 많이 힘들기도 했지만, 이곳에서의 모든 만남이 배움이고 성장이었다. 한 아이를 학교와 온 마을이 다 함께 사랑하고 키우는 이 소중한 경험을 선물로 준 혁신학교에 감사한다. 이곳에서의 배움을 자양분 삼아 더욱 아이들을 사랑하고 존중하며, 함께 배우고 성장하는 교사로 살아가고 싶다.

따로
또 같이

김경숙
서울유현초등학교

여럿이 함께 무언가를 할 때 즐겁고 신이 나지만, 실은 혼자 있는 것을 더 좋아하는 매우 내향적인 사람이다. 교직 생활 17년 중 7년을 혁신학교에서 보냈다. 교실 공동체에서 학교 공동체로, 수업에서 학교 교육과정으로, 개인의 문제에서 조직 시스템과 공동체 문화로 주 관심사가 변해가고 있다.

애벌레? 아하, 애벌레!

여름의 끝자락, 텃밭 담당 부장님이 좁쌀만큼 작은 무 씨앗 한 줌을 보내주셨다. 불면 날아갈까 싶은, 쌀알보다 작은 씨앗이었다. 여기서 뭐가 나긴 하는 걸까 싶은 마음으로 한 구덩이에 서너 개씩 아이들과 함께 조심조심 심었다. 그러고는 나도 아이들도 잊고 있었는데, 며칠 후 흙을 뚫고 조그마한 잎이 돋기 시작하더니 금새 푸릇푸릇 자라나기 시작했다.

그러던 어느 날, 출근길에 보니 애벌레가 잔뜩 꼬여 여린 무잎이 금방이라도 줄기만 앙상하게 남게 생긴 것이었다. 우리 반 아이들도 등굣길에 보았는지 "선생님! 무가 다 죽을 판이에요!", "무잎이 벌레한테 다 뜯기고 있어요!" 하고 세상 큰 위기가 닥친 것처럼 호들갑을 떨었다. 우리 반은 그렇게 아침부터 분기탱천하여 애벌레 소탕 대작전에 나섰다. 아이들이 까끌까끌한 가시로 무장한 무잎을 뒤져 보호색으로 위장한 애벌레를 찾아내면 내가 손으로 잡아내 발로 질끈 밟는 작업이었다.

그렇게 정신없는 와중에 돌아보니, 정우(가명)가 애벌레를 잡을 생각은 않고 멀찍이 서서 혼잣말을 하고 있는 것이었다.

"애벌레 키우고 싶다……."

몇 번을 중얼거리니 못 들은 척만 할 수는 없어 마지못해 대답을 했었다.

"애벌레를 어디에 들고 가려구? 손에 들고 갈 수도 없잖아."

그렇게 지나가는가 싶더니, 그날 오후부터 정우의 눈썹이 올라갔다 내려갔다 하면서 낯빛이 점점 어두워지는 것이었다.

'정우가 화났다!'

순간 머릿속에 비상등이 켜졌다. 작년 담임선생님께 듣기로, 정우는 화가 많이 나면 책상을 엎어버리거나 벽에 머리를 박기까지 한다고 했다. 2학년이 되면서 많이 나아졌지만, 감정 표현은 아직도 서툰 편이다. 겨우겨우 달래어 옆에 앉히고 화가 난 이유를 물었다.

"정우야, 왜 화가 났어?"

"……."

눈썹만 움찔움찔할 뿐, 아무 말이 없다.

"말해주지 않으면 정우가 왜 화가 났는지 선생님은 알 수가 없어."

"……."

아이가 손에 든 공책은 얼마나 힘을 주어 구겼는지 너덜너덜해져 금방이라도 찢어질 지경이다.

"말하기 싫으면 종이에 써볼래?"

"……."

아무리 물어도 대답이 없으니, 나도 그만 울고 싶어졌다. 그러다 그냥 아무것도 하지 않고 아이 곁에 있기로 했다. 그렇게 10분 정도가 지나자, 드디어 정우가 작게 입을 열었다.

"애브……. 애버……."

"응? 애버……? 애벌레? 아!"

'아하! 애벌레! 애벌레를 키우고 싶다고 했었지!'

겨우겨우 들은 정우의 그 한마디에 애벌레 소탕 대작전의 시간들이 주마등처럼 지나간다. 간신히 풀린 대화의 꼬리 끝에 정우는 애벌레를 자기 필통에 넣어가고 싶다고 했다. 그때 옆에서 사건의 전말을 들은 영석(가명)이가 자기 의견을 보탰다.

"필통에 넣으면 연필 같은 데 찔려 죽을 수도 있을 것 같은데? 아무래도 안경집에 넣어가는 게 좋겠어."

1학기 때 영석이는 화단이며 온 운동장을 휘젓고 다니면서 개미를 비롯한 곤충들을 집요하게 찾아내 밟아 죽이는 통에 친구들조차 절레절레 고개를 저었었다. 이제는 한층 성장해 운동장에서 장수풍뎅이를 발견해도 함부로 손대거나 만지지 않는다. 호들갑을 떠는 아이들 틈에서 조용히 자기 순서를 기다리고, 등껍질에 손가락 하나를 조심스레 대보기만 할 정도로 의젓해진 영석이. 그런 영석이의 의견을 듣고 정우도 가만히 고개를 끄덕였다.

안경집을 들고 나선 정우의 뒤를 따라 아이들과 함께 텃밭으로 다시 출동했다. 모두가 함께 샅샅이 뒤진 결과, 소탕 작전에서 겨우 살아남은 애벌레 한 마리를 발견했다. 우리는 그 애벌레를 조심히 잡아 정우의 안경집에 넣어주었다.

다음 날 아침 정우에게 애벌레 잘 살아있느냐고 물어보았지만, 대답은 듣지 못했다. 그렇게 애벌레는 죽었으려니 했다. 화가 나면 입을 다물던 정우가 자기 마음을 말로 표현했으니 그걸로 족했다.

그런 정우에게서 주말 저녁에 전화가 걸려왔다. 하필 핸드폰을 손에 놓고 있던 때라 한참 지나 부재중 내역에서 확인했다. 또 무슨 일인가 싶어 가슴이 철렁한 그때, 문자 메시지가 왔다. 정우였다. 정우는 초점이 하나도 안 맞아 뿌연 번데기 사진을 보내왔다.

"그때 잡은 애벌레, 번데기 됐어요."

정우의 메시지에 나는 눈물이 핑 돌고 말았다. 무뚝뚝한 정우가 알려준 사실은 애벌레는 해충이기도 하지만 변화하고 성장하는, 살아있는 생명체라는 것이었다. 다음날에도 여전히 우리 텃밭에는 애벌레가 들끓었고 전날처럼 똑같이 미웠지만, 조금은 각성한 나와 여전히 즐겁기만 한 아이들은 그날 잡은 애벌레를 텃밭에서 조금 먼 화단에 조심히 놓아주었다.

혁신학교에서는 대개 텃밭 가꾸기나 상자 논과 같은 생태 학습 활동을 학교의 중점 교육과정으로 채택해 진행한다. 이런 교육활동의 의미를 과학적 탐구 능력 신장이나 농업과 먹거리를 대하는 태도 함양 등 목표 중심으로 이해했을 때는 그다지 중요한 활동이라는 생각이 들지 않았다. 그깟 상추 몇 포기 키운다고 먹거리의 소중함을 알 턱이 있나? 물 몇 번 준다고 농업의 어려움을 이해할 수 있나? 과학적 탐구 능력을 기르는 것도 관찰력을 키우는 것도 무엇 하나 쉽지 않다.

그러나 혁신학교가 중요시하는 교육활동의 진정한 효과는 아이들의 삶과 일상에서 나타난다. 처음 보는 작은 곤충들, 이름 모를 풀들을 보며 아이들이 얼마나 즐겁게 재잘거리는지, 아이들과 함께하며 매일 관찰하지 않았다면 나는 영영 몰랐을 것이다.

우리는 느긋하게 개미와 같은 작은 생명체를 찾고, 누군가 발견하면 함께 보고 놀라워하며 이야기를 나눈다. 가끔 사마귀나 장수풍뎅이를 발견한 날은 더 신이 난다. 반 아이들 전부가 우르르 몰려들어 만져보자고, 가만히 두자고, 잡아서 화단에 놔주자고 시끌벅적하다. 그 안에서 생명을 아끼며 작은 것을 소중히 대하려는 마음이 예쁘게 피어난다. 동식물은 교과서에만 볼 수 있는 지식이 아니라 늘 우리 곁에 머무는 또 하나의 생명이라는 것을 아이들은 이렇게 경험으로 배운다. 목표 중심적 사고만으로는 얻을 수 없는 귀한 배움이다.

학교, 보살핌과 성장의 공동체

혁신학교로 온 첫해, 4학년 담임을 맡았을 때의 일이다. 반을 뽑고 나서 출석부를 보니, 교사들 사이에서 이름이 참 많이 오르내리던 아이 한 명이 우리 반에 있었다. 가슴이 덜컥 내려앉았다. 이 아이, 지호(가명)는 화가 나면 고함을 지르고 물건을 마구 집어던질 뿐 아니라 교실 문을 발로 차고 심지어 교실 밖으로 뛰쳐나가기까지 한단다.

개학 첫날부터 지호의 1~3학년 때 담임교사들을 비롯한 동료 교사들이 위로와 염려를 안고 돌아가며 나를 찾아왔다. 이 주쯤 지나니 그동안 있었던 크고 작은 사건들과 보호자와의 면담 내용, 지역 복지 센터, 지호가 다니는 공부방 등 지원 상황들에 대해 속속들이 알게 되었다. 나는 매주 지호의 집을 방문해 보호자 상담을 하는 지역 복지 센터 담당자를 따라 가정방문부터 시작했다. 그 뒤에는 부장 선생님과 동행하여 아이의 공부방을 찾아갔고, 원장님과 면담을 했다.

공부방 원장님은 우리 학교의 운영위원이기도 했는데, 지호의 1학년 때 담임으로부터 의뢰를 받아 3년간 방과 후의 지호를 보살피셨다. 그런데, 지호는 공부방에 잘 가려고 하지 않았다. 반 친구들이나 나를 힘들게 한 날일수록 더더욱 그랬다. 함께 생활하는 공간에서 여러 규칙들을 지켜야 하는 건 교실이나 공부방이나 비슷했으니까. 자신의 행동은 거기서도 반복될 것이니까.

그럴 때면 지호는 아이들이 모두 떠난 조용한 교실에서 그림을 그리고 색종이를 접으며 시간을 보냈다. 내 책상 옆에 앉아 세상에서 가장 착한 아이의 모습으로 자기 시간에 열중했다. 이제 그만 집에 가자고 해도 가려고 하지 않았다. 그 시간은 지호와 평화롭게 마주 앉아 눈을 보며 이야기를 나눌 수 있는 유일한 시간이었다. 한가할 틈 없는 바쁜 오후였지만 그 시간을 통해 지호와 긍정적인 상호작용을 주고받기 위해 나도 무진 애를 썼다.

지호의 학교 적응을 위해 학교의 모든 사람들이 노력했다. 지호가 화가 나 진정이 되지 않는 일은 매일 일어났는데, 그때마다 나는 교무실로 연락해 도움을 요청했다. 그러면 어떤 때는 부장 선생님, 어떤 때는 보안관님, 교장 선생님, 교감 선생님, 실무사님…… 하루에도 몇 번씩이나 돌아가며 우리 반으로 달려오셨다.

누군가 교실로 온다 싶으면 지호는 교실 밖으로 쌩 내달렸다. 그 누구도 힘으로는 날쌘 이 아이를 도저히 붙잡을 수 없었다. 정신없이 도망치다가 또다시 누군가를 만나 고성을 지르다가 여기저기 숨었다가…… 그러다가 화가 가라앉으면 차마 교실에는 들어오지 못하고 교무실로, 교장실로, 상담실로, 도서관으로 학교 곳곳을 배회했다. 그런 지호를 발견한 사람들은 모두 이름을 다정하게 부르며 이야기를 들어주곤 했다.

교장 선생님은 정기적으로 교장실로 지호를 불러 미술 수업과 상담을 진행하셨다. 보호자와의 면담을 위해 밤 9시까지 기다려 집 앞으로 찾아가시기까지 했던 교장 선생님은 쉽게 자기 이야기를 꺼내지 않는 지호에게서 곧잘 대화를 이끌어내셨고, 그렇게 알게 된 사실들을 내게 공유해 주셨다. 이런저런 활동이 도움이 될까 싶으셨는지 지호만 데리고 서울 곳곳으로 일대일 체험학습도 수차례 다녀오셨다. 학교 보안관님은 수업 시간에 혼자 서성이는 지호를 보면 다그치기는커녕 부드럽게 지호의 손을 잡고 교실로 데려와 주셨고, 영양사님은 때를 놓쳐 뒤늦게 혼자 급식실에 들어오는 지호에게 따로 식사를 챙겨주셨다.

학교의 모든 동료 교사들은 함께 머리를 맞대고 문제의 원인과 해결 방법에 대해 함께 고민해 주었다. 물론 교사들 간에는 의견 충돌도 있었다. 어떤 동료 교사가 '당신이 이렇게 대처해서 아이가 그런 행동을 보이는 것이니 저렇게 해보라'는 식으로 조언을 할 때면 화가 치밀기도 했다. 그러나 중요한 것은 문제 행동을 보이는 한 아이를 위해 학교 전체가 움직이고 있다는 것이었다. 교직원 회의에서도 나는 종종 도움을 요청했다. 혼자 오롯이 책임지지 않아도 된다는 사실이 나를 견딜 수 있게 했다.

그렇게 시간이 흘러, 여름방학이 끝날 무렵이 되었다. 그때부터 작은 변화가 생겼다. 격주마다 가정으로 찾아가는 보호자 상담 담당자가 주변 상담 관계자들과 논의 끝에 지호에게 전문적인 치료가 필요하다는 판단을 내린 것이다. 교장 선생님과 공부방 원장님이 총동원된 설득 과정 끝에 보호자도 결정을 내렸다. 그렇게 지호는 2학기 시작 무렵부터 전문적인 상담 기관에서 치료를 받게 되었다. 방황하던 아이 스스로도 다른 방식의 길에 동의했고, 그로 인해 안정감을 찾아가기 시작했다. 그리고 4학년이 끝나갈 때쯤, '지호가 달라졌어요!'라는 반 친구들의 감탄과 칭찬이 쏟아졌다. 지호는 학년을 올라가며 더 멋진 담임교사들을 만났고, 더 이상 나를 찾지 않았다.

만약 내가 혁신학교가 아닌 곳에서 지호를 만났다면 어땠을까? 자책감과 자괴감에 빠져 어느 날 갑자기 휴직했을지도 모를 일이다. 일반 학교에서는 교실과 교실 사이의 벽이 두껍다. 어떤 학생의 문제 행동이 반복되더라도 옆 반 교사가 개입하기 어렵고, 친절한 누군가가 조언을 해줄 수는 있겠지만 그것을 공동으로 해결해야 할 문제라고 여겨지는 않는다. 해당 학생이 속한 반 담임 혼자 오롯이 책임지고 풀어가야 할 일이다.

돌이켜보면 보살핌을 받았던 것은 지호만이 아니었다. "선생님, 많이 힘드시죠?"라고 늘 물어봐 주던 동료 교사들, "우리 선생님, 정말 애쓰고 계신 거 잘 알고 있어요."라며 노고를 알아주시던 교장 선생님, 전문적인 상담과 치료의 필요성을 조언해 주시고 앞장서서 지역 복지기관과 연결해 주셨던 부장 선생님들……. 담임교사인 나야말로 참 많은 이들의 보살핌과 배려 속에서 첫해를 잘 마무리할 수 있었다.

이렇듯 학교 공동체 구성원들의 지지와 도움을 받아 힘든 한 해를 매듭지었던 경험은 이후의 교직 생활에 큰 힘이 되었다. 나를 보살펴준 수많은 이들 덕에 남 탓을 하기보다는 나의 문제가 무엇인지 좀 더 깊이 진단해 보게 되었다. 내 탓을 하고 자괴감에 휩싸이는 게 아니라, 당시 내 결정이나 행동에 문제는 없었는지 스스로를 객관적으로 평가하고 개선하는 데 집중할 수 있었다.

혁신학교라고 학교 적응을 어려워하는 아이들이나 힘겨움을 토로하는 교사들이 모두 다 문제를 잘 극복하는 것은 아니다. 하지만 적어도 문제 해결을 위한 전제 조건 하나는 갖추었다고 볼 수 있다. 바로 공동체 구성원 한 명이 겪는 문제라 할지라도 모두의 문제로 인식하고 함께 논의하고 고민하며 해결하는 협력 시스템이다. 이후로도 우리 학교의 교육복지 시스템은 매년 개선되었다. 지역사회 복지 전문가와 상담교사를 유치하기 위해 적극적으로 노력했고, 수업 중 협력 강사 유치를 위해 더 많은 예산을 확보했다. 학생 한 명 한 명에 대한 체계적인 지원을 위해 여러 교사들이 정기적으로 협의를 진행하는 다중지원팀을 운영하고 모든 과정과 성과, 한계점, 개선 사항들은 연말 평가회 때 함께 살피고 논의한다.

보통의 학교보다 훨씬 많은 의사소통을 해야만 하는 혁신학교의 구조와 문화가 누군가에게는 비효율적인 시스템으로 여겨질 수도 있다. 내게는 그다지 절실하지 않은 어떤 문제에 대해 끊임없이 협의해야 하는 것, 모든 안건에 대해 판단을 내리고 입장을 가져야만 하는 것이 불편함으로 다가올 수 있다. 서로 다른 가치관과 입장이 충돌하는 전체 구성원 회의는 때때로 낯설고, 힘들고, 회피하고 싶은 자리다.

이는 그동안 학교문화가 '따로'를 강조해 왔기 때문이다. 교사들은 그동안 중차대한 일은 소수의 업무 책임자들이 빠르게 결정하고, 자신은 맡은 일만 제대로 하면 된다고 여겨왔다. 결정과 집행 과정에서 많은 이들의 입장과 판단을 듣는 것은 불필요하다고 보았다. 가산점이나 승진 경쟁을 통해서만 교사들을 움직이게 할 수 있다는 교육정책과 각종 지침, 문서로만 남은 학교교육의 미래와 중점 사업들, 전달 중심의 일방적 회의, 수업과 학급 운영에 대한 지원 부족, 이해를 구하거나 의논을 하기보다 지시를 내리는 관리자의 태도가 교사들에게는 훨씬 더 익숙하다. 아주 오랫동안 유지되어 온 교육제도와 학교문화 속에서

서로 간섭하지 않는 것, 서로의 영역을 침범하지 않는 것, 무엇을 하든 그냥 내버려 두는 태도를 '배려'로 생각해 왔다.

반면 혁신학교에서는 간섭하지 않는 것을 배려라고 보지 않는다. 혁신학교의 근본 지향은 '따로 또 같이'에 있기 때문이다. 각자의 개성을 중시하되 서로의 관계성에 주목하고 이를 토대로 구성원 각자의 성장과 학교 공동체의 발전을 이루어가는 것. 이 과정에서 구성원들이 각각의 목소리를 내는 토론의 주체가 될 수 있도록 끊임없이 호명한다. 공동체의 문제를 해결하기 위해 책임을 부여하고 아이디어를 생산하는 협의의 주체로 불러들인다. 교실 속 조용한 독립자로 살아온 교사들에게는 익숙하지 않은, 불편한 경험이다.

어떤 성장도 갈등과 혼란을 경험하지 않고는 이루어질 수 없다. 그 성장의 과정에서 도움을 주고받으며 서로를 보살피고, 때로는 나와 부딪치기도 하는 존재들은 밤이 깊을수록 더 빛나는 작은 별빛과 같다. 서로 다른 가치와 방법이 충돌하고, 다시 대화를 통해 합의하는 과정들이 지나고 나면 멀리 있다고만 여겼던 별빛들이 어느새 내 안에 고루 스며들었다는 것을 알게 된다. 이제는 나도, 학교 공동체도 다름 속에서 조화를 이루어갈 수 있으리라 믿는다.

정우가 보내주었던 흐릿한 번데기 사진을 다시 본다. 어쩌면 밟혀 죽어버렸을지도 모를 내 안의 애벌레는 혁신학교에서 만난 수많은 이들로 인해, 그들과의 수많은 갈등과 위로, 보살핌으로 인해 번데기가 되었다. 나비가 되어 날아갈 때까지, 어떤 일들이 더 일어날지는 아직 모르겠지만.

II
혁신학교 이야기
중학교 편

어디에서나 실천할 수 있는
혁신 교육

강경은

강빛중학교

첫 학교에서 시행착오를 겪으며 국어 교사로서의 철학을 세웠고, 함께 고
민하는 교사 공동체의 중요성과 수업 나눔의 의미를 배웠다. 두 번째는 혁
신학교에 찾아가 혁신 교육의 의미를 배우고 실천하기 위해 노력하였다.
세 번째는 신설 학교로 와 바람직한 새 교육 공동체를 만들어가기 위해 노
력하고 있다.

국어 수업이 학생들의 삶을 위한 것이 되어야 함을 깨닫고 '스스로 생
각하는 힘을 키우고 표현하는 국어 수업'을 만들기 위해 늘 고군분투하고
있다.

처음 만난 혁신학교

내가 발령받은 첫 학교는 규모가 작은 일반 학교였다. 순간에 충실하며 열심히 가르치고 배우니 5년이 눈 깜짝할 새에 지나갔다. 이후 다음 학교를 고민하던 중 나는 첫 학교에서 배운 것들과 함께 또 새로운 경험을 하려면 혁신학교가 좋을 것 같다는 생각을 하게 되었다.

처음 도착했을 때, 혁신학교의 첫인상은 그다지 특별하지 않았다. 차분해 보이는 학교의 외관과 교무실의 교사들도 모두 평범했다. 혁신학교에서의 새로운 생활을 기대하는 내 마음만 특별하게 느껴졌다. 그렇게 나는 앞으로 이 학교에서 어떤 경험을 하게 될지 모른 채 첫날을 보냈다. 그리고 이후 1년 동안, 내가 가장 많이 했던 말은 바로 이것이었다.

"여긴 왜 이래요? 이 학교는 왜 이렇게 해요?"

처음이다 보니 모든 것이 적응하기 쉽지 않았고, 혁신학교만의 시스템을 이해하는 시간도 필요했다. 이전 학교의 시스템을 기준으로 생각하다 보니 이 학교의 모든 시스템이 낯설었다.

1년을 그렇게 보내고서야 조금씩 적응이 되고 혁신학교의 문화가 보이기 시작했다. 이곳에는 민주적인 의사소통 과정이 있었고, 다양한 방법의 수업을 시도하는 열정적인 교사들이 있었으며, 수업 공개나 교원 학습 공동체 활동도 잘 이루어지고 있었다. 그런데, 나중에 알게 된 사실이지만 이 학교가 혁신학교라서 찾아온 사람은 함께 전입 온 교사들 중 나밖에 없는 것 같았다. 또한 이곳이 첫 학교인 저경력 교사들이 전체의 절반 가까이나 되었다. 나는 혁신학교에는 혁신 교육에

뜻이 있는 교사들이 찾아오는 줄로만 알았다. 그런 분들을 만날 수 있을 거라는 기대감으로 찾아온 것이었는데, 현실은 왜 이런 것일까? 게다가 나는 혁신학교에서 지내면서 오히려 일반 학교였던 이전 학교가 꽤 혁신적인 곳이었다는 사실을 깨닫기도 했다.

혁신학교, 혁신 교육은 무엇인가?

혁신학교, 혁신 교육이 무엇인가에 대한 고민은 지금도 여전하다. 하지만 혁신학교에서 지내며 혁신 교육의 중점이 '수업'에 있어야 한다는 생각은 확고해졌다. 학생들을 중심에 두는 수업, 그리고 수업에 대해 끊임없이 고민하는 교사들. 이런 모습은 일반 학교도 물론 그렇지만 혁신학교에는 반드시 있어야 한다고 생각한다. 이 학교에서 발견한 혁신 수업과 관련한 몇 가지 이야기를 해보려고 한다.

조금 특별한 수업 나눔

학교를 옮긴 첫해에 나는 수업 공개를 하게 되었는데, 이게 생각보다 일이 커졌다. 혁신학교는 '수업 여는 날'이라는 행사를 통해 다른 학교 교사들도 초대해서 수업을 여는데, 이것을 내가 하게 된 것이다. 심지어 없던 7교시를 만들어서 학생들을 남겨 나만 수업을 해야 했다. 그래야 교사들이 수업 조정 없이 많이 참관할 수 있기 때문이다. 연구 수업은 몇 번 해보았지만 이런 형태의 수업 공개는 처음이어서 어리둥절했다.

  수업을 공개하는 날, 교내외 약 40명 정도의 선생님들이 참관하러

오셨다. 꽤 많은 인원이 모일 것이라고는 예상해서 큰 교실로 옮기기는 했지만, 그곳마저 꽉 찰 정도로 많이 오신 것이다. 수업을 받는 32명의 학생보다 참관하는 교사들이 더 많아 놀라웠는데, 그분들의 태도가 매우 적극적이어서 한 번 더 놀랐다. 준비된 자리에 앉아 조용히 참관하는 것이 아니라, 돌아다니면서 적극적으로 학생들이 과제를 수행하는 모습을 살펴보고 메모하는 분들이 많았다. 또한 수업 후 합평회에서도 수업에 대한 여러 가지 의견을 활발하게 나누었다. 다양한 교과의 교사들로부터 내 수업에 대한 여러 관점의 피드백을 듣고 새로운 아이디어를 얻을 수 있었던 귀한 시간이었다.

결론적으로 나는 이 수업 나눔 경험이 참 좋았다. 그런데 이런 형태의 수업 공개는 혁신학교가 아니면 하기 어려울 것이다. 일반 학교에서는 굳이 없는 7교시를 만들면서까지 수업 공개를 하지 않기 때문이다. 이 방법이 학생들의 시간을 뺏는다며 좋지 않다고 하는 분들도 있지만, 직접 경험해 본 나는 시도해 볼 만한 방식이라고 생각한다. 교사들이 시간표를 조정하지 않아도 되고, 여유 있게 집중하여 참관할 수 있는 환경과 시간이 만들어지기 때문이다.

고마운 교원 학습 공동체의 날

매월 넷째 주 수요일이 되면 혁신학교에서는 단축수업을 했다. 교원 학습 공동체 모임을 하기 위해서다. 이것이 일상이었다.

교원 학습 공동체의 중요성과 의미는 이미 잘 알려져 있지만, 대부분 방과 후 시간을 활용하다 보니 많은 교사들이 부담을 느낀다. 교사들은 이미 조례와 종례, 수업, 예기치 못한 여러 상담과 업무로 방과 후가 되면 이미 녹초가 되어있다. 그 이후에 모여서 발전적인 수업 이야기를 하라니, 아무리 마음이 있어도 몸이 따라주지 않는 경우가 많다. 때문에 좀 더 원활한 교원 학습 공동체 모임을 위해 단축수업을 결정한 것이다. 그러면 오후 시간을 좀 더 여유 있게 확보할 수 있고, 교사들은 조금 덜 지친 상태에서 모임에 참여할 수 있다. 이전 학교에서는 항상 방과 후에 남아 교원 학습 공동체 모임을 했던 터라, 혁신학교의 이러한 시스템이 참 고마웠다.

학생이 주인공이 되는 수업

혁신학교의 책상 배치는 조금 특별하다. 학생들이 서로 바라볼 수 있도록 ㄷ자로 배치하기 때문이다. 처음에는 굉장히 낯설었는데, 익숙해지고 나니 이 배치가 학생들의 소통을 원활하게 하는 데 큰 도움을 준다는 것을 알게 되었다. 수업 때도 자연스럽게 학생들이 자신의 생각을 말할 수 있고, 학급 회의를 할 때도 좀 더 적극적으로 의견을 낼 수 있게 한다. 서로 바라보고 있으니 자연스럽게 의견 나눔이 이루어지는 것이다. 그래서인지 혁신학교 학생들은 활발한 의사소통이 이루어지는 수업, 학생 중심 모둠수업에 익숙했고, 많은 교사들도 그런 수업 형태를 구상하였다. 그래서 나도 그런 수업을 하는 것이 유난하지 않고 자연스러웠다.

내가 혁신학교에서 활발하게 했던 수업 중 하나는 '마을 연계 프로젝트 수업'이다. 학생들의 삶, 실생활과 밀접한 연관이 있는 수업을 하고 싶었고, 이를 위해 우리가 살고 있는 '마을'을 수업으로 끌어들였다. 학생들은 내가 살고 있는 '마을'이 수업에 등장하자 흥미를 갖고 적극적으로 수업에 참여했고, 수업을 통해 스스로 의미를 만들어갔다. 2년 동안 'ㅇㅇ동 사용 설명서 만들기', '△△구 마을길 만들기'라는 크게 두 가지의 마을 연계 프로젝트 수업을 했다. 'ㅇㅇ동 사용 설명서 만들기'는 ㅇㅇ동의 다양한 장소 중 하나를 선정하여 모둠별로 관련 인물을 면담하고 'ㅇㅇ동 사용 설명서'의 형식으로 면담 보고서를 만드는 프로젝트 수업이다. 그리고 '△△구 마을길 만들기'는 모둠별로 구 내의 걷고 싶은 길을 탐색하고 그 길에 있는 여러 장소들을 하나의 주제로 이어 우리만의 특별한 마을길을 만든 후, 그에 대해 설명하는 글을 쓰는 프로젝트 수업이다.

혁신학교 주변은 아파트 단지뿐이었는데, 많은 학생들의 일과가 집, 학교, 학원으로 단순했다. 처음 학생들에게 우리가 사는 동네가 옛날에는 어떤 곳이었는지, 우리 동네에 어떤 장소들이 있는지 물어보면 잘 모르거나 아예 관심이 없는 경우도 많았다. 그런데 우리 동네에 대해 알아보는 활동을 하니 수업에 무섭게 몰입하는 것이었다. 이 수업은 내가 혁신학교에 온 첫 학기에 시도한 것이었는데, 만약 학생들이 강의식 수업에 익숙해져 있었다면 학생 주도형 프로젝트 수업에 갑자기 적응하기는 어려웠을 것이다. 또한 어떤 수업이든지 적극적으로 참여하도록 환경을 제공하는 혁신학교의 분위기도 중요하게 작용했다.

일반 학교를 혁신학교처럼 만드는 힘

나는 혁신 교육은 혁신학교에서만 이루어지는 것으로 알고 있었다. 그런데 혁신학교에 있다 보니 오히려 일반 학교였던 전 학교에서도 많은 혁신 교육이 이루어지고 있었다는 것을 깨달았다. 그때 일반 학교를 혁신학교처럼 만들었던 힘은 무엇이었을까?

튼튼한 수업 공개 시스템과 문화

일반적인 학교에서는 '동료 장학'과 '연구수업'이라는 이름으로 공개 수업을 한다. 전 학교에서도 이런 시스템으로 연구부 주관의 공개수업이 진행되었는데, 나는 신규 교사 때 연구부에서 이와 관련한 업무를 맡게 되면서 동료 장학과 연구수업이 무엇인지 제대로 배웠다. 전 학교는 모든 교사가 날짜를 정해 확실하게 수업 공개를 하고 있었고, 수업 후 협의회까지 실질적으로 이루어졌다. 이 기본적인 시스템조차 잘 이루어지지 않는 학교들이 많은데, 다행히 전 학교는 그렇지 않아 수업 공개의 기본기를 다지는 발판이 되어주었다. 또 수업 공개를 교사의 당연한 임무로 받아들일 수 있게 되었다.

동료 장학과 연구수업이 공식적 수업 공개 시스템이라면, 자율적인 수업 공개 문화도 있었다. 많은 교사들이 형식에 얽매이지 않고 평소에도 자주 수업을 열어, 원하는 만큼 수업 참관의 기회를 가질 수 있었다. 어느 날 한 교사가 수업을 공개한다고 공지하면 특별한 형식 없이 편히 가서 보는 식이었다. 또한 공식적인 수업 공개는 10월 즈음 끝나게 되는데, 그 이후에는 수석 교사가 주관하여 자율적 수업 공개가 추가로 이루어졌다. 수석 교사가 지원자를 3~4명 받아 수업 설계 과정을 컨설팅한 후 순차적으로 수업 공개를 하는데, 같은 차시의 수업을 3~4번 열어 교사들이 시간에 구애받지 않고 편하게 수업을 참관할 수 있었다. 또한 수업 공개 교사는 같은 수업을 반복적으로 공개하면서 수업 공개 문화에 익숙해질 수 있고, 여러 교사들에게 다양한 피드백을 전달받을 수 있다는 장점도 있었다.

수업 참관자는 정성스러운 참관록을 써서 수업 공개 교사에게 전달하는데, 여기서 핵심은 '정성스러운' 참관록이다. 수업 참관자들은 공을 들여 참관록을 쓰면서 수업을 보는 눈을 기르고, 수업 공개 교사는 이를 통해 자신의 수업에 대한 세밀한 피드백을 받아 더욱 성장하는 기회가 된다. 이런 방식의 수업 공개를 경험했던 나는 동료 교사들의 성의 있는 참관록을 받았을 때 마치 '선물'을 받는 것 같았다.

이미 공식적인 수업 공개를 체계적으로 하고 있으면서도, 추가로 자율적 수업 공개를 할 때 늘 지원자가 넘쳤던 이유는 무엇일까? 바로 수업 나눔의 과정을 통해 자신이 성장한다는 것을 교사들이 잘 알고 있었기 때문이 아닐까?

자발적 교원 학습 공동체

자율적 수업 공개 문화가 하루아침에 자리를 잡은 것은 아닐 것이다. 나는 전 학교의 이러한 문화가 확산하는 데 큰 역할을 한 것이 '자발적 교원 학습 공동체'라고 생각한다. 전 학교는 교원 학습 공동체도 매우 활발했는데 수업 성찰, 학급경영, 독서, 예체능 등 다양한 분야의 공동체가 실질적으로 운영되고 있었다.

그중 '열다'라는 이름을 가진 수업 성찰 교원 학습 공동체는 늘 퇴근 시간에 활동을 시작했기 때문에 자발적인 의지 없이는 참여하기가 힘들었다. 내가 2년 차 때 처음 이 공농체가 만들어졌는데, 그때는 약 10

명 정도였으나 점점 늘어 학교를 옮겨야 할 5년 차 때는 20명 정도의 교사가 참여하게 되었다. 전체 교사의 절반이 넘는 인원이었고, 출석률도 높았다. 4시 30분에 시작한 모임은 늘 6시를 넘기기 일쑤였는데도, 교사들은 늘 열정적으로 활동에 참여했다.

주로 했던 활동은 전문가 초청 특강, 수업 관련 책을 읽은 후 독서 토론, 수업 나눔, 수업 사례 및 아이디어 나눔 등이었다. 늘 활발하게 의견을 나누며 서로 성장하는 시간을 가졌다. 특히 수업 공개 교사를 정하고 수업 나눔을 하는 과정을 세밀하게 진행했다. 수업 전에는 협력적 수업 설계 모임을 통해 수업 공개 교사의 수업 설계를 위해 머리를 맞대어 아이디어를 나눴다. 수업 나눔 당일에는 모두가 수업에 참관하여 성의 있고 구체적인 참관록을 작성하였고, 수업 후에는 합평회를 통해 수업에 대한 의견을 다시 나누었다.

이렇게 활발한 교원 학습 공동체 운영이 가능했던 이유는 첫째, 모임 날짜와 시간 등을 고정하여 미리 개인 일정을 조율할 수 있도록 했다. 둘째, '열다'의 연간 활동 계획을 연초에 탄탄하게 구성하여 그것이 흔들리지 않도록 했다. 셋째, 서로 배움으로써 성장하고 있다는 것을 모두가 체감하고 있었다. 넷째, 이 모든 것을 이끈 공동체 대표와 수석 교사의 의지가 있었다. 이러한 장점들이 모여 놀라운 공동체가 탄생하고 원활하게 운영될 수 있었으며, 교사들은 기꺼이 시간을 내어 활동에 참여했다.

신규 교사의 역량을 이끌어내는 선배 교사들

교사는 다른 집단에 비해 매우 수평적인 집단이며, 1년 차와 20년 차의 기본적인 업무가 동일한 유일한 직업이라고 한다. 그러나 1년 차와 20년 차의 업무 역량이 같다고는 보기 어려울 것이다. 그런 면에서 나는 교사 집단 내에서도 선후배 개념이 바람직하게 적용될 필요가 있다고 생각한다. 일반 회사는 신입 직원이 들어오면 사수를 지정해서 업무를 배울 수 있도록 한다. 그런데 학교는 그렇지 않아서 신규 교사가 배울 사람을 스스로 찾아 나서야 하는데, 그게 쉽지만은 않다. 나는 운이 좋았던 경우로, 처음 발령을 받았을 때 많은 선배들의 환영을 받았다. 먼저 교감 선생님이 교육청 신규 교사 발령식에 오셔서 나를 포함한 우리 학교 신규 교사 네 명에게 꽃다발을 주며 환영해 주셨다. 이후에도 첫 직장 생활을 축하한다며 양치 컵, 필기도구, 휴지 등 기본 사무용품들을 챙겨주셨던 기억이 난다. 전화를 받는 법이나 학교생활에 대한 연수도 꼼꼼히 해주셨다. 내가 속한 부서의 부장 선생님은 내가 기안문을 쓸 일이 있을 때마다 손으로 먼저 써서 보여주시며 방법을 알려주셨다. 또 내 옆자리에 계셨던 기획 선생님은 1년 내내 나를 세심하게 챙겨주시며 수업과 담임 업무에 대한 조언을 해주셨고, 수석 선생님은 신규 교사들의 멘토가 되어 정기 모임을 만들고 학교생활 전반에 대한 궁금증을 풀어주셨다. 그때의 따뜻한 환대는 나에게 참 소중하고 감사한 기억으로 남아, 내가 성장할 수 있는 밑거름이 되었다. 또 그로 인해 나도 후배 교사들에게 아낌없이 나눠야겠다는 생각을 하게 되었다.

매년 신규 교사가 오는 학교이다 보니 나도 금방 선배가 되었다. 나를 포함한 동기 교사들은 받은 게 있다 보니 우리 다음의 신규 교사들에게 도움을 주는 것을 당연히 여겼고, 자연스럽게 교원 학습 공동체에도 초대하면서 그 의미를 나눴다. 이런 문화가 매년 신규 교사들에게 이어지면서 내가 5년 차가 되었을 때는 대부분의 신규 교사들이 교원 학습 공동체에 참여하고 있었고, 이것이 우리 학교 교사들에게는 당연한 일상으로 자리 잡았다.

이렇게 주변의 선배 교사들이 신규 교사들의 역량을 키우고 이끌어 낼 수 있도록 돕는 문화가 형성되어 있다면, 그 학교의 분위기는 당연히 좋을 것이다. 좋은 선배 교사가 포진해 있다면 신규 교사에게, 나아가 학교에 그보다 더 좋은 일은 없다는 것을 나는 몸소 체험했다.

동료 교사와 함께 만드는 수업

이런 분위기이다 보니, 전 학교에서 동료 교사들과 수업 이야기를 하는 것은 꽤 자연스러웠다. 그러다 보니 자연히 '같이 수업을 설계해 볼까?' 하는 생각이 들게 되었고, 한마음으로 모여 여러 교과를 융합한 수업을 설계하기 시작했다. 그 과정 또한 서로를 성장시키는 원동력이 되었다.

첫 번째로 시도했던 융합 수업은 중1을 대상으로 사회, 수학, 국어 과목을 융합한 '우리 학교의 문제는 우리가 해결하자!'라는 주제의 프로젝트 수업이었다. 사회 시간에는 우리 학교의 문제를 설정한 후 설문조사를 하고, 수학 시간에는 설문조사 결과를 표나 그래프로 표현하여 자료를 해석했다. 그리고 국어 시간에는 이 모든 자료를 모아서 하나의 보고서로 정리하고 발표하는 수업을 했다. 이 과정을 통해 학생들이 '우리 학교의 문제'라는 삶과 연계된 주제를 가지고 몰입도 있게 수업에 참여하는 모습을 볼 수 있었다.

두 번째로 시도했던 융합 수업은 중3을 대상으로 국어, 영어 과목을 융합한 '우리 동네 Hot place를 찾아라!'라는 주제의 프로젝트 수업이었다. 국어과에서는 우리 동네와 관련한 단편소설을 읽고 연계하여 동네에 있는 명소에 대한 정보를 소개서 형태로 만들었다. 영어과에서는 외국인 친구에게 우리 동네를 소개한다는 가정하에 국어과에서 만든 우리 동네 명소 소개서를 영문판으로 다시 제작하였다. 이 수업은 마을 연계 수업이면서 중3 전환기 교과 수업으로 학생들의 적극적인 참여를 이끌어냈다는 점에서 의미가 있었다. 이 수업을 위해 나와 동료 교사는 매일같이 활발하게 논의를 했고, 공동 수업 지도안까지 작성했다.

위의 두 사례는 교육청에 보고하기 위한 것도 아니었고, 특별히 누구에게 보여주기 위한 것도 아니었다. 이런 융합 수업 설계가 가능했던 것은 공식적, 비공식적인 활발한 수업 공개 문화가 학교 구성원들 대부분에게 공유되고 있었고, 교원 학습 공동체가 내실 있게 자발적으로 운영되는 문화가 바탕이 되었기 때문이다. 그런 환경 속에서 있다 보니 자연스럽게 시도하고 싶어진 것이었다.

특히 마을 융합 수업의 경우 나는 5년 차였고 함께 한 선생님은 2년 차였는데, 여러 선배들에게 보고 배운 것이 있었기에 저경력인 교사들끼리도 이런 수업을 설계하는 것이 가능했다. 흔히 한 학교에 마음이 맞는 동료가 세 명만 있어도 수업 친구가 될 수 있다고들 하는데, 전 학교에는 수업 친구가 너무나 많았기에 다양한 수업, 함께 하는 수업 시도가 어렵지 않았다.

혁신학교와 일반 학교의 경계를 허물며

이렇게 나는 혁신학교와 일반 학교를 모두 경험하며 혁신 교육의 중심에는 학생 중심의 수업과 그런 수업을 위해 함께 치열하게 고민하는 교사 공동체가 있어야 함을 깨달았다. 또 혁신학교만이 아니라 일반 학교에서도 혁신학교 이상의 혁신 교육을 실천할 수 있다는 것도 깨달았다. 혁신학교의 역할은 혁신 교육에 대한 시도를 조금 더 일찍, 많이 해보면서 혁신 교육을 모든 학교가 실천할 수 있도록 견인해 주는 것이라고 생각한다.

이런 생각 때문인지, 나는 혁신학교에서 다시 일반 학교로 옮기게 되었다. 혁신학교에서 가능한 시도는 일반 학교에서도 충분히 가능함을 알기 때문이다. 그런데 새 학교에 발령 후 신학기 준비 기간에 같은 학년 교사들과 융합 수업 계획에 대한 논의를 할 때, 한 교사가 이런 말을 했다.

"우리 학교, 혁신학교도 아닌데 이런 것까지 할 필요가 있나요?"

나는 앞으로는 이런 말이 사라졌으면 좋겠다. 혁신학교, 일반 학교라는 굴레를 벗어나 어디에서나, 누구나 혁신 교육을 실천할 수 있다고 믿는다. 나는 지금 근무하고 있는 일반 학교에서도 내가 해왔던 수업의 장점을 살려 학생 중심 수업을 나름대로 설계하여 실천하고 있다. 또 수업 성찰 교원 학습 공동체를 만들어 동료 교사들과 수업에 대한 논의도 활발히 하고 있다. 결국 혁신학교냐 일반 학교냐의 문제가 아니라, 어디에서든 혁신 교육을 지향하려는 의지의 문제라고 생각한다. 나의 경험으로 말하자면, 수업 나눔을 지원하는 시스템을 갖췄던 혁신학교와 수업 나눔 문화의 정착을 위해 노력했던 교사들이 있었던 일반 학교, 두 곳의 장점을 합친다면 그보다 좋을 수는 없을 것 같다.

　내가 혁신 교육을 지향하는 이유는, 혁신 교육을 통해 교사와 학생이 함께 성장할 수 있다고 믿기 때문이다. 혁신 교육은 학생들을 수업과 학교생활의 주인공으로 만들어 성취감과 자존감을 높여줄 수 있다. 또한 변화하는 학생들을 바라보는 교사들의 효능감을 높여주어 교직 생활을 더욱 풍요롭게 한다. 이는 곧 교사와 학생을 살리고, 나아가 학교를 살리는 길이 될 수 있지 않을까 감히 생각해 본다. 혁신 교육이 특별한 어떤 교사가 아니라, 모든 교사의 목표이자 소명이 되기를 바란다.

　"혁신 교육? 그까짓 거, 우리 같이 시도해 보는 게 어때요?"

수업 모임
성찰기

강호정
난우중학교

2008년부터 '소통과 성장이 있는 국어 교실'을 지향하며 국어를 가르치고 있다. 6년 차에 한 특별한 학생을 만난 덕분에 공감의 대화와 감정 코칭을 배웠다. 혁신학교에서는 가슴 뛰는 수업 모임을 만남과 동시에 동료 관계로 어려움을 겪다가, '수업 알아차림' 연수를 통해 동료 관계에도 여전히 '공감'이 핵심임을 깨달았다.

연차가 쌓이면 자동으로 '좋은 수업'을 할 수 있을 줄 알았는데, 여전히 미지의 영역이다. 그래서 너무나 궁금하고 너무나 닿고 싶다. 그래서 지금도 동료들과 함께 '좋은 수업'으로 가는 길을 더듬더듬 찾아가고 있다.

새로운 길

신규 발령 3년 만에 집과 가까운 지역으로 학교를 옮긴 나는 그곳에서 놀라운 광경을 보았다. 이전에도 매년 쓰기는 했지만 늘 밀실에서 사라지던 '업무 희망원'의 내용이 교무실에 게시된 것이었다. 본교 근무 연차에 따라 업무 배정의 우선권이 주어지므로, 게시된 내용을 보고 교사들이 스스로 조정을 한다고 했다. 부장 선생님과 교장 선생님과의 협상이 아니라 각자의 희망과 규정에 의해 업무가 정해진다니. 오래 묵은 체증이 내려가는 느낌이었다. 나는 자연스럽게 이런 규정을 주도적으로 만들어온 교사들과 친해졌다. 그분들 곁에서 나도 학교의 주체가 될 수 있다는 것을 다양하게 경험하며 4년을 보냈다. 그런데 이 행복감을 한순간에 와장창 무너뜨린 이가 있었으니, 바로 새로 부임한 교장 선생님이었다. 젊은 교사나 기간제 교사들이 기안이나 구매 신청을 올리면 여지없이 교장실로 호출했다. 교과 준비물 선택, 기안문의 문구 하나조차도 교장 선생님의 첨삭을 받아야 하는 것이었다. 교장실에서 울면서 나오는 동료 교사들을 종종 보았다. 교사들이 모이는 자리에서는 늘 교장 선생님에 대한 원성이 자자했다. 많은 동료들이 힘들어하는데 내가 할 수 있는 일이 없어서 괴로웠다. 늘 뒷골이 당기고 소화가 안 되는 것 같은 1년을 보냈다. 이듬해에 나는 떠났지만, 이런 곳에 남아야 하는 동료들이 눈에 많이 밟혔다.

그렇게 발령받은 새 학교가 혁신학교였다. 발령을 받자마자 떠난 1박 2일 워크숍에서 나를 사로잡은 것은 교사들 사이에서 즐겁게 웃고 있는 교감, 교장 선생님이었다. 그 모습이 너무 신기해서 주변 교시들에게 물어보니, '무슨 일을 해도 적극적으로 지원해 주시는 저분들 덕분에 학교생활이 힘이 난다.'라는 대답이 돌아왔다. 순간 지난 1년 동안 행여라도 교장 선생님과 마주칠까 봐 전전긍긍했던 마음이 눈처럼 녹았다. 혁신학교라고 해서 조금 긴장했었는데, 그때부터 학교가 점점 핑크빛으로 보이기 시작했다. 저런 분들의 지원을 받으며 일궈온 '혁신'이란 어떤 것일지 궁금해졌다. 늦게까지 진행되는 프로그램에도 피곤한 줄 모르고 적극적으로 참여했다. 워크숍의 클라이막스는 혁신부장님이 진행하는 혁신 수업 안내 퀴즈 프로그램이었다. 수업 공개의 장면을 녹화한 영상을 보며 "이 학생은 여기서 뭐라고 말했을까요?"라고 질문하니, 너도나도 손을 들고 왁자지껄 답을 맞히며 혁신 수업의 세계로 성큼 들어갔다. 가슴이 뛰었다. 영상 속의 학생들은 모둠을 지어 열심히 토의하고 발표하며, 예상치 못했던 '자기 수준'의 대답도 서슴없이 했다. 각자 내놓은 답에 대해 진지하게 토론하고 그 과정에서 새로운 답을 찾아갔다. 소문으로만 듣던 '배움이 일어나는 모둠수업'이었다. 나도 저런 수업을 하고 싶다는 욕심이 생겼다.

그런데 실제로 그런 수업을 시도하는 것은 생각보다 쉬운 일이 아니었다. 경력이 9년이면 적지도 않건만 처음 만나보는 'ㄷ자' 교실은 나를 신규 교사인 양 주눅 들게 했다. 동영상으로 볼 때는 당연히 나도 할 수 있을 것 같았는데, 어떤 질문을 던져야 아이들이 즐겁게 배울 수 있는 모둠활동이 일어날지 알 수가 없었다. 애써서 만든 질문이 모든 모둠의 답이 다 똑같아서 재미가 없어지거나, 모두 다른 답을 쓴 상황에서 순서대로 발표만 하고 끝날 때도 많았다. 설왕설래하며 배움이 일어나는 수업이란, 어깨너머로는 배울 수 있는 경지가 아닌 것일까?

동료 교사들이 모둠수업에서 학생들이 얼마나 기발한 답을 잘 썼는지 호들갑을 떨며 자랑할 때, 사실 얼마나 부러웠는지 모른다.

그러던 중 5월에 맞이한 공개수업은 나를 한층 성장하게 했다. 공개수업의 주제는 소설 속 갈등 상황에 공감하며 인물의 심리를 이해하는 것이었다. 다양한 과목 교사들이 모인 두 번의 수업 만들기 모임과 세 번의 사전 수업 참관 모임은 한마디로, 열렬했다. 학생의 마음을 헤아려보기 위해 해당 소설에 대한 독후감을 써온 분도 있었고, 내가 몇 분에 어떤 말을 몇 회 했는지, 활동 1과 활동 2에 각각 몇 분을 사용했는지 정확하게 기록해서 알려주는 분도 있었다. 학생들이 활동하고 있을 때 진득하게 기다리지 못하고 얼마나 의미 없는 말을 반복하고 있는지 세심하게 알려주기도 했다. 나 자신도 본 적 없는 수업에서의 내 모습을 누군가가 이렇게 정확하게 봐줄 수 있다는 것이 신기했다. 배움에의 열의로 가득 찼던 나는 그 말들을 모두 흡수하려 애썼고, 그렇게 조금씩 '배움이 일어나는 모둠수업'을 몸에 새겨넣었다.

물론 그건 시작일 뿐이었고, 이후로도 늘 나의 모둠수업은 고난을 반복했다. 하지만 확실한 것은, 어떻게든 모둠수업을 해보려고 애쓰던 그 시절에는 무기력한 학생의 존재에 대해 고민해 본 적이 거의 없다는 것이다. 코로나19가 유행하는 와중에 학교를 옮기게 되면서 방역에 대한 부담 때문에 모둠활동을 한동안 잊고 있었다. 그런데 정말 오랜만에, 무엇을 주어도 '싫어요, 안 해요.'라며 엎드리는 학생을 만나며 고민이 깊어졌다. 그때 떠오른 답이 바로 모둠수업이었다. 놀랍게도 그 학생은 모둠을 만들자마자 방긋 웃으며 친구들 속으로 들어갔다. 물론 이 학생이 수업 내용에 당장 몰입하게 된 것은 아니었지만,

적어도 그 시간이 잠이나 자버리고 싶은 의미 없는 시간이 아닌 것은 분명해 보였다. 친구들이 불러주는 답을 모둠 판에 기록하고 벌떡 일어나 칠판에 붙이러 나오는, 의젓한 수업 공동체의 일원이 되었다. 배움으로부터 도망가려는 학생을 친구라는 그물에 넣어서 함께 오게 하는 방법을, 혁신학교가 내게 가르쳐준 것이었다. 아니, 그런 학교를 만드느라 밤잠을 설치며 수업 영상 자막을 편집하고, 수업 모임에 필요한 자료를 준비하고, 손이 부르트도록 회의록을 꼼꼼하게 작성했던 선배 교사들의 노력 덕분에 배우게 되었다. 정말 감사한 일이다.

내 사랑 수업 모임

모든 혁신학교가 그러하듯 혁신에 대한 다양한 생각을 가진 사람들이 모인 곳이 혁신학교이기에, 일정 주기마다 '이게 혁신이냐'라는 자조적인 푸념을 나누게 될 때가 많았다. 하지만 우리 학교가 혁신학교라는 것을 부정할 수 없었던 것은 바로 ㄷ자 교실 배치와 주 1회의 수업 모임, 월 1회의 공개수업 덕분이었다. 2월의 워크숍부터 매주 계속된 수업 모임과 공개수업 이후 협의회까지, 학교의 중심에 '수업 혁신'이 있었다. 평소에도 주변 동료들에게 자신이 만든 학습지를 보여주며 검토받는 교사들의 모습도 종종 보였다. 내가 이런 학교의 교사라는 사실 자체가 너무 좋았다.

교육의 중요성을 어릴 때부터 느껴왔던 나는 교육의 큰 틀을 만드는 교육행정가가 되고 싶어서 공법학과로 진학했었다. 그런데 어쩌다 들어간 풍물패 동아리에서 후배들에게 북을 가르치다가, 무엇이든 배워보려고 나의 동작을 열심히도 따라오던 후배들의 반짝이는 눈빛이 너무 좋아서 자퇴를 했다. 배움을 향해 빛나는 그 눈빛을 평생 볼 수 있는 직업은 교육행정가가 아니라 교사라는 생각이 들어서 재수를 결심한 것이다. 나의 미래를 아이들의 눈빛에 걸다니, 지금 돌아보면 참 위험한 생각이었다. 누가 나에게 교사가 된 계기를 물어보면 나는 늘 이렇게 답했는데, 아마 내 얘기를 들으며 나의 이상을 측은해하는 사람들도 많았으리라. 수업에서 아이들의 반짝이는 눈빛을 마주한다는 것은 참 쉽지 않은 일이니까.

그러다 보니 나는 '수업에 죽고 수업에 사는' 교사가 되었다. 나의 컨디션은 그날 수업이 어땠느냐에 따라 오르내렸다. 이렇게 늘 수업 생각으로 가득한 나에게 이 학교는 동지들로 가득한 천국이었고, 그 동지들과의 만남인 매번의 수업 모임은 너무나 소중한 공간이었다. 그렇게 2년을 지내고 보니 어느덧 학교의 일꾼이 되어, 수업 모임을 주도하는 학년부장이 되어있었다.

이렇게 좋은 수업을 배울 수 있는 절호의 기회인 공개수업을 대체 왜 다들 망설이는 것일까. 나처럼 모둠수업에 반한 수업 혁신계 교사는 '나는 매년 할 수만 있다면 몇 번이고 하겠다.'라며 공개수업 홍보대사가 되었다. 최대한 많은 교사들이 공개수업을 경험할 수 있도록 하기 위해 '올해 공개를 한 사람은 다음 해에는 하지 않는다.'라는 기본 원칙이 있었기 때문이다. 그래도 그 덕분에 한 학년에서 매년 대여섯 명은 새롭게 수업 공개의 맛을 보게 되었다. '배움의 공동체'를 제대로 공부한 적도 없는 내가 수업 모임을 신행해야 하는 부담스러운 학년부장직을 내치지 못한 것은 모둠수업에 대한 애정 때문이었다. 이 좋은 것을 어떻게 하면 다른 사람들도 할 수 있게 도와줄까, 그 생각뿐이었다.

수업 공개는 매월 마지막 주 월요일에 10분씩 단축수업을 한 후 공개 학급만 남아서 진행했다. 이미 사전 수업을 참관하고 피드백까지 끝낸 상태이기에 웬만하면 수업은 최상의 상태로 공개가 되는 것이 대부분이다. 수업 진행에 대한 논의는 수업 공개 전에 모두 이루어지기에, 수업 공개 협의회는 각 모둠을 관찰한 결과를 나누며, 학생들에게서 언제 배움이 일어났는지 함께 얘기하는 자리가 된다. 그럼에도 불구하고 동료 교사들이 적게는 열 명, 많게는 스무 명까지 지켜보는 공개수업은 사실 부담이 될 수밖에 없다.

매주 하루는 모든 업무를 제쳐두고 수업 모임에 참석해야 하는 교사들의 노고도 보통 일은 아니었다. 물론 이런 시스템을 정착시키기 위해 잡무를 최대한 줄이고 수업은 18시간 이상 하지 않도록 외부 강사를 지원하는 등 업무 정상화를 위한 노력은 계속해 왔다. 하지만 학생들을 하교시키고 겨우 미뤄둔 업무를 하려고 자리에 앉은 교사들에게 수업 모임이 시작된다는 알림은 반갑지 않을 때도 많았다.

그래서 우리가 했던 첫 번째 노력은 수업 모임 간식을 매번 새롭고 맛있는 것으로 준비하는 것이었다. 마침 수업 혁신계 교사가 '먹거리에 진심'이어서, 매번 맛집을 찾아 간식을 날라왔다. 수업 모임에 참석하는 교사들 모두 즐거워했고, 나도 그 모습을 바라보는 것이 큰 기쁨이었다.

두 번째 노력은 수업 공개를 부담스러워하는 교사들의 부담을 덜어주는 일이었다. 실제로 모임에서 수업에 동영상을 추가하면 좋겠다는 의견을 낸 교사는 직접 그 동영상을 찾아오기도 했고, 학습지에 변화가 있으면 좋겠다는 의견을 낸 교사는 수정본을 제시하기도 했다. 또 몇 번의 수업 모임 후에 사전 수업 참관 모임까지 남아서 하면 수업 공개를 맡은 교사가 너무 지칠까 봐, 특별한 문제가 없다면 사전 수업 참관 모임은 쉬는 시간에 잠깐 만나 피드백을 하는 것으로 줄이기도 했다.

모임은 이번 달 공개수업을 하는 교사가 수업할 부분을 정하는 데서 시작된다. 그리고 이전에 그 부분을 가르칠 때 고민되었던 문제나, 이번 수업에 특히 더 넣고 싶은 내용 등 의견을 이야기한다. 그러면 나머지 교사들은 자신이 학생이었던 때로 돌아가 그때 이 단원을 배우면서 어려웠던 점을 토로하거나, "저는 학생 때부터 궁금했는데, 이건 대체 왜 배우는 거예요?"라고 직접적인 질문을 하기도 하고, 이해가 안 되는 이론을 추가로 묻기도 한다. 이렇게 첫 시간에는 주로 이 단원에 대해 궁금한 점을 나머지 교사들이 공개수업 담당 교사에게 질문하고 답변을 듣는 시간이 된다. 이 시간이 범교과 모임의 장점이 발현되는 시간이다. 타 과목 교사들은 학생들과 비슷한 관점을 가지고 수업 내용을 접하게 되기 때문에, 그 질문들을 통해 학생들이 가려워하는 부분을 미리 고려하여 수업을 만들 수 있게 되는 것이다.

그렇게 동료 교사들의 입을 빌려 학생들의 관점을 파악한 후 그 부분에서 배움이 일어날 수 있는 다양한 수업 아이디어를 다 같이 고민하고 제안한다. 공개수업을 맡은 교사는 그 제안을 참고로 1차 활동지를 만든다. 이것을 2차 수업 모임에서 함께 검토하고 수정한다. 그렇게 만들어진 활동지로 사전 공개 학급에서 실제로 수업을 해 본 뒤, 참관한 교사들과 함께 활동지를 다시 수정하여 공개수업에 들어간다.

사전 공개수업은 많게는 4~5번도 하게 되는데, 그 이유는 수업을 할 때마다 활동지가 계속 수정되었기 때문이다. 공개수업을 맡은 교사는 물론이고, 함께 수업을 만들어가는 교사들은 본인 수업을 진행하면서 이 과정을 함께하는 것이니 보통 노력이 아니다. 이는 모두가 '함께 만들어가는 수업'에 대한 애정이 있기 때문이다. '우리'가 함께 애써 만든 수업이 정말 학생들에게 배움이 되는 수업으로 꽃피었으면 좋겠다는 애틋한 마음.

알아차림

1기 혁신학교를 끝내고 2기를 시작하면서 수업 모임에 대한 교사들의 다양한 의견을 듣게 되었다. '수업 모임을 할 때마다 방향이 바뀌니 여러 번 하지 말고 사전 공개 전에 한 번만 하자.', '친한 사람들이나 혁신 수업에 관심이 많은 사람들끼리 모여서 하자.', '사공이 많아서 배가 산으로 가는 느낌이니 인원을 줄이자.', '모둠활동만 정답인 것처럼 늘 똑같은 형태로 수업 공개를 하는 것은 식상하다.' 등등. 수업 모임 내내 즐겁기만 하던 나는 사실 이러한 의견들이 당황스러웠다. 논의는 많이 할수록 좋지 않나? 친한 사람들만 모이면 다양한 교과의 교사들과 수업 얘기를 나눌 수 있었던 우리의 공동체 문화는 어떻게 되는 거지? 인원을 줄이면 제대로 의견을 내줄 사람이 있을까? 모둠활동은 정답이 아니었나?

그렇게 혼란스러운 와중에 수업과 성장 연구소의 '수업 알아차림'

연수를 듣게 되었다. '수업 알아차림'의 핵심은 '공감적으로 수업 보기'였다. 내가 그 말을 잘 이해하지 못한 채 어리둥절하고 있는 사이, 실습이 시작되었다. 실습 내용은 동료 교사의 수업 영상을 보며 그 수업을 하고 있는 교사의 마음을 공감적으로 바라보는 것이었다. 나는 이 과정에서 경이감을 느꼈다. 그동안 학생의 시선으로만 수업을 바라보았는데, 교사의 가치관과 노력, 지향점을 중심으로 수업을 보니 왠지 모를 뭉클함이 밀려왔다. 교사가 수업을 준비하기 위해 남모르게 했던 수많은 노력들, 교사가 되면서 했던 다짐과 신념들, 자신도 어쩔 수 없는 마음의 물결들을 함께 공감하고 격려하며 알아차리는 시간이었다. 그날 수업을 공개한 교사는 '나와 수업은 거울과 같음을 알게 되었다. 나와 나의 수업을 알게 되니 자신감이 생겼다. 나를 알게 되면 그만큼 수업도 성장한다는 것을 알게 되었으니, 앞으로 나를 알아보는 시간을 더 많이 가지고 싶다.'라는 후기를 남겼다.

나는 매주 수업 모임에서 늘 즐겁게 머리를 굴리며 신나게 얘기를 하는 사람이었다. 그런데 사실 내 머릿속에는 수업 내용과 학생들만 있었지, 수업을 하는 교사에 대한 고려는 없었다는 것을 깨달았다. 늘 학생들의 시선만 고려하여 뚝딱뚝딱 수업을 만들고 공개하며 느끼는 뿌듯함에 집중하는 동안, 내 옆의 동료들이 평소 수업에서 어떤 고민과 노력을 하며 성장하고 있었는지 나눌 생각은 하지 못했다. '배움을 일으키기에 효과적'이라는 모둠 형태로, 내 수업이든 남의 수업이든 자꾸 다양하게 만들고 발표하다 보면 어느덧 내 몸에 맞는 좋은 수업도 찾아지는 것이겠거니 생각했다. 그런데 수업이란 그저 교육 내용을 전달하는 과정이 아니라 교사의 '과거와 현재와 미래와 그 일생'이 묻어나는 활동이고, 그렇기 때문에 수업이 좋아지려면 교사의 내면적 성장이 반드시 필요함을 배우게 된 것이다. 수업을 본다는 것은 수업을 하는 교사의 모든 것을 보는 것이었다. 그러한 마음을 가지고 나니, 평소에 잘 알던 교사인데도 훨씬 가깝고 따뜻하게 느껴졌다. 그리고, 이것이 우리 인생에서 만난 동료라는 '방문객'에 대한 작은 '환대'가 아닐까 하는 생각이 들었다.

그리고 그제서야 다른 교사들이 수업 모임에 대해 내렸던 다양한 평가들이 이해가 되었다. 수업은 교사의 정체성이 담겨있는 것이기에 모둠수업만이 정답이라고 말할 수 없다. 교사에 대한 이해가 없는 많은 사람들이 가볍게 던지는 말들은 그 교사에게 상처가 될 수도 있다. 또한 교사가 가치관이나 지향점이 명확하지 않은 상태로 수업 모임에 임하면, 다양한 사람들의 의견들로 방향이 계속 흔들리게 되어 당사자도 참석자도 함께 지치게 되는 것이었다. 이것을 깨달은 순간, 그동안 진행했던 수업 모임에서 가장 말을 많이 해 온 나의 입이 너무나 부끄러워졌다. '가진 게 망치뿐이면 모든 것이 못처럼 보인다.'라는 영어 속담이 떠오르며, 그동안 내가 휘둘러온 망치로 얼마나 많은 교사들의 수업에 못을 박으려고 했을지 무서워졌다.

나와 같은 깨달음을 얻은 교사들은 이를 계기로 새로운 길을 모색했다. 이듬해에 수업 모임의 단위를 바꾼 것이다. 기존 3개 학년부 단위에서 5개 남짓한 주제별 교원 학습 공동체 모임으로 바꾸어 모임의 인원을 조금 줄이고, 비슷한 지향을 가지거나 친분이 있는 교사들끼리 모이게 되었다. 모인 교사들의 공감대가 커졌기 때문인지 수업 모임이 훨씬 안정되어서 내년에는 이 형태를 더 체계화할 계획이라는 소식도 들렸다.

그리고 일반 학교로 발령받은 나는 수업과 성장 연구소에서 '나다운 수업 알아차림 과정'을 수강하고 있다. 거기서 내 수업 영상을 함께 보며 수업 나눔을 두 차례 했는데, 할 때마다 속이 후련해지고 눈물도 많이 났다. 내가 이렇게 공감받기를 원하는 사람이었는지, 내 안에 이렇게 많은 말들이 있었는지 매번 놀란다. 평소에 나는 남의 말을 잘 들어주고 거기에 공감하려고 노력하면서도 정작 나는 괜찮다고만 생각했었다. 그러나 사실은 그것이 겸손이나 헌신이 아니라, 공감의 힘을 잘 모르는 오만함이었고, 사람들이 가진 공감의 힘을 믿지 않는 마음이었음을 알게 되었다.

그리고 교직 10년 차가 되면서부터 동료 관계에서 어려움을 느끼게 된 원인도 거기에 있다는 생각이 들었다. 내가 동료를 바라볼 때 그 사람의 가치관과 노력과 지향에 공감하며 보지 않고, 나의 교육관이나 내 마음속에 있는 잣대를 들이대며 동료들을 평가하는 습관에 젖어있었던 것이다. 《불전(佛典)》에는 '앵매도리(櫻梅桃李)'라는 말이 있다. 벚꽃은 벚꽃, 매화는 매화, 복숭아 꽃은 복숭아꽃, 자두꽃은 자두꽃 모습 그대로 각각 개성을 발휘하여 열심히 앞다투어 꽃을 피우고, 그것이 곧 아름다운 꽃밭을 만든다는 말이다. 벚꽃은 아무리 아름다워도 복숭아꽃이 될 수 없고, 될 필요도 없다. 각자 개성에 따라 자기답게 피워내면 된다. 수업이나 교육관에 있어서도 누가 맞고 누가 틀렸는지 함부로 말할 수 없다. 모두가 자신의 힘을 최고로 끌어내어 배움이 일어나는 수업의 길, 학생들의 성장을 위한 교육의 길을 각자 찾아가는 과정인 것이다. 설사 내가 생각하는 좋은 교육의 길과 멀리 있는 것처럼 보이는 동료가 있다 하더라도, 공감으로 격려할 때 비로소 그 내면의 힘을 꺼내 변화의 길로 함께 갈 수 있기에 공감의 힘은 언제나 유효하다.

다시, 새로운 길

학생들이 SNS에 올린 '○○ 수업 재미없다. 교과서 찢어버리고 싶다.'라는 글을 읽고 큰 충격을 받은 교사가, '너무 힘들었지?'라는 동료 교사의 한마디에 눈물을 펑펑 쏟는 모습을 본 적이 있다. 어렸을 때 친구들과 모이기만 하면 선생님과 수업에 대한 불만을 아무렇지도 않게 얘기하던 것을 생각해 보면, 학생들이 SNS에 쓴 글도 아마 큰 의미는 없는 글이었을 것이다. 그런데도 그 교사는 그 말 한마디에 그동안 수업을 위해 노력해 왔던 순간들이 무너지며 마음을 다쳤다. 다행히 주변 동료들이 모두 마음을 모아 지지해 주고, 회의도 하고, 관리자들도 적극적으로 나서주어 그 교사는 다시 일어날 수 있었다.

교사는 무엇으로 사는가. 교사들이 평가 한마디, 학생들의 의미 없는 욕 한마디에 큰 충격을 받는 것은 학생들의 신뢰를 먹고 사는 존재이기 때문인 것 같다. 학생들의 신뢰는 수업에서 나온다는 것을 너무나 잘 알고 있기에 수업을 잘하기 위해 늘 마음을 쓰고, 현실에 치이면서도 '괜찮은 척'하며 살고 있는 것이 교사다. 그렇기에 가장 큰 힘이 될 수 있는 것은 교사들끼리의 연대일 텐데, 그것이 참 쉽지가 않다. 교사로서의 정체성이 강한 사람일수록 자신과 성향이 다른 교사를 공감하는 것이 어렵다. 그것이 아마도, 무엇이든 열심히 하는 사람이 많은 곳에서 종종 큰소리가 나는 이유일 것이다.

그래서 우리에게 필요한 것은 '공감적 수업 나눔 공동체'를 만드는 것이다. 자신의 수업 고민을 털어놓고도 뒤가 걱정되지 않는, 서로가 서로에게 안전한 피신처가 되어줄 수 있는 수업 나눔의 공동체. 서로의 수업을 공유하며, 나도 발견하지 못한 내 수업의 강점을 발견해 주고, 내가 노력하고 있는 모습이 수업에서 어떻게 드러나는지 찾아주며 서로의 자존감을 채워주는 공동체. 내가 수업에서 지향하는 것과 현실 사이에서 갈등하고 있을 때 단순한 위로를 넘어 정말 내가 수업에서 원하는 것이 무엇인지 질문해 주고 발견해 줄 수 있는 지지의 공동체.

'공감의 공동체'라니, 얼마나 아름다운 말인가. 이 말만 들으면 정말 훌륭한 인격을 가진 사람들이 모여야만 만들 수 있는 이상적인 모임처럼 보일 것이다. 하지만 '공감'은 누구나 할 수 있다. 특히나 배움의 달인인 교사들이라면 말할 것도 없다. 최근 진행했던 수업 알아차림 연수에서 한 교사의 고민은 '학생들을 배움으로부터 소외시키지 않고 싶다.'라는 것이었다. 여기서 '공감적으로 수업 보기'란 이 고민을 해결하기 위해 그 교사가 노력한 부분을 영상에서 찾아 말해주는 것이다. "선생님이 차분하고 또박또박하게 말씀하시는 것이 학생들에게 잘 전달되어서 좋았어요."라고 말하는 것이 평소 수업 공개에서 하는 칭찬이라면, '공감적으로 수업 보기'에서는 "선생님이 차분하고 또박또박하게 말씀하시는 것에서 한 학생이라도 배움에서 소외시키고 싶지 않다는 마음이 학생들에게도 전달되는 것 같았어요."라고 교사의 마음과 노력을 읽어주는 것이다. 연수에 보인 교사들이 돌아가면서 한 마디씩 수업에 공감한 후, 영상을 공개한 교사는 "제가 수업을 위해 고민했던 시간과 노력을 알아주시는 것 같아서 감동했습니다. 공감받는다는 게 어떤 건지 잘 몰랐는데 '당해보니' 알겠네요."라고 말했다. 이렇게 처음에는 어색할지 모르지만 실제로 내가 애써 만든 수업에서 다른 교사들이 나의 노력을 읽어주는, 혹은 읽어주려고 애쓰고 있는 모습 자체에서 얼마나 많은 위안을 받는지 '당해보면' 알 수 있다.

이 과정을 지나면 함께하는 동료들을 보는 눈이 달라진다. 교사는 수업 장면에서 자신의 감정을 인식하지 않는 경우가 많다. 인지적 부담 때문에, 혹은 이성적인 모습만을 학생들에게 전달하는 것이 교사의 사명이라고 생각하기 때문이다. 그리고 조금 더 깊이 들여다보면, 감정에 예민하면 상처받을 일이 많다는 것을 경험하며 '담대할 것'을 스스로에게 강요해 왔기 때문이다. 그렇게 인식되지 않은 감정은 단단하게 굳어서 어딘가 숨어있는데, 이렇게 자신도 인지하지 못했던 자신의 감정 일부를 인식하고 말해주는 동료들이 마치 나의 일부인 것처럼 느껴진다. 물론 평소에 잘 사용하지 않는 말하기 방식이기 때문에 잘하지 못할 때도 있다. 그러나 공감의 언어를 만들기 위해 애쓰고 있는 동료들의 모습, 그 노력 자체에서도 감동이 느껴진다. 그리고 놀랍게도 대부분의 교사들은 배우자마자 곧잘 한다. 공감의 말이 하나씩 늘어날 때마다 나를 지켜주는 울타리가 하나둘 늘어나서 내가 나답게 마음껏 성장할 수 있는 안전한 공간이 생기는 느낌이 든다. '공감적 수업 보기'의 연습은 서로가 서로에게 울타리가 되어주는 따뜻한 공간으로서 학교문화, 교사 문화를 만드는 과정이 될 것이다.

다행히 새로 옮긴 학교에서는 수업 나눔에 관심이 있는 분들이 많아 수업 알아차림 연수를 소개했다. 그리고 그 과정을 통해 공감이 가진 변화의 힘을 느끼는 교사들이 하나둘씩 늘어나고 있다. 나는 이러한 변화에서 공감적 수업 나눔 공동체를 형성할 수 있겠다는 희망이 보인다. 잘 차려진 잔칫상 같은 공개수업이 아니라, 조금 어설프지만 정감 있는 집밥 같은 공동체. 수업을 서로 부담 없이 공개하고, 공감적으로 봐주는 공동체. 서로의 수업 자존감을 높여주고, 서로의 고민을 꺼내어 따뜻한 시선으로 길을 찾으며 조금씩 함께 성장해 가는 공감의 수업 나눔 공동체를.

나서며

나는 5년 만에 새로운 길 앞에 섰다. 공개수업과 수업 모임이라는 시스템이 든든하게 자리를 잡고 있었던 혁신학교를 떠나, 새로운 둥지를 찾고 있다. 나에게 수업 모임이라는 새로운 길을 보여주었던 혁신학교는 시스템의 부재를 메꾸고 그에 준하는 시스템을 만들 수 있는 안목까지 장착시켜 나를 내보냈다.

그 정도 수업 모임을 했으면 이제는 자신 있게 내 수업을 보러 오라고 말할 수도 있을 텐데, 영 쉽지가 않다. 다시 처음처럼 수업이 어렵게 느껴지고, 새로 구상한 수업을 하기 전에는 자꾸만 긴장이 된다. 그러다 보니 내 수업도 자신이 없는데 다른 교사들에게 수업 모임을 하자고 말해도 될까, 하는 생각에 마음이 쪼그라든다.

하지만 이내 생각을 고쳐먹는다. 수업 모임은 누군가를 가르치기 위한 것이 아니라, 부족한 우리들이 만나 서로의 부족함을 채워주는 모임이다. 수업을 뽐내기 위함이 아니라, 각자 자기다운 수업을 만들어가기 위한 모임이다. 나는 또다시 마음이 맞는 동료들을 만나 서로에게 공감하면서, 수업 전의 긴장을 설렘으로 바꿀 힘을 함께 만들어나가고 싶다.

스스로 더불어
한 걸음씩

권진희

수락중학교

20년 가까이 국어를 가르치고 있으나, 매해 가르치는 것이 더 어려워진다. 그래도 학생들을 통해 국어를, 나를 조금씩 더 알아가는 중이다. 지금은 혁신학교에서 혁신 교육에 대해 배우고 있다.

공부하고 책을 읽고 기록하는 것을 좋아한다. 다정한 교사, 성장하는 교사가 되고 싶은 사람이다.

저는 여기가 처음이에요

공립학교 교사들은 5년 차가 되면 마음이 복잡하다. 학교생활 내내 다음 학교는 어디로 갈까 고민하기 때문이다. 나 역시 마찬가지였다. 학생 수도 많고, 그만큼 민원도 끊이지 않았던 곳에서 5년간 근무하다 보니 다음 학교는 규모가 크지 않고 경쟁적인 분위기도 아닌 학교로 가고 싶었다.

운이 좋게도, 새로 배정된 학교는 내가 원하던 곳이었다. 이곳에 처음 온 날, 교장 선생님은 나에게 이런 말씀을 하셨다. "이곳에서의 생활이 선생님의 교직 생활 중 최고의 시간이 될 거예요." 전적으로 믿을 수는 없었지만, 내심 믿고 싶은 말이었다.

시간이 흐른 후, 나는 교장 선생님께 그때 하신 말씀에 대해 다시 질문을 했다.

"교장 선생님, 왜 저한테 이곳에서의 생활이 교직 생활 중 최고의 시간이 될 거라고 말씀하셨어요?"

"(난생처음 듣는다는 듯이) 제가요?"

"(이럴 수가!) 2월에 제게 그렇게 말씀하셨잖아요."

"아, 어렴풋하게 기억이 나네요. 그건 그렇게 같이 만들어가자는 이야기였어요."

뒤통수를 한 대 맞은 것 같기는 했지만, 그 말씀대로 나는 어느새 이 학교의 일원이 되어 무언가를 같이 만들어가고 있다. 이곳에서의 생활은 만족스럽다. 늘 칼퇴근을 목표로 생활하던 내가 퇴근 시간을 넘기기 일쑤다. 학생들도 사랑스럽고, 무언가를 시도해 보려는 교사들의 열정도 뜨겁다. 그 열정에 차가웠던 내 마음도 미지근해지는 중이다. 신규 교사일 때 느꼈던 생동감을 다시 느끼고 있다. 그래서 나는 이곳, 혁신학교의 모습을 학교 밖에 알리기 위해 펜을 잡았다.

한 달에 한 번씩, 일주일 동안 수업 공개를 한다고요?

이곳에 오길 잘 했다고 생각할 무렵, 잊고 있었던 것이 떠올랐다. 여기는 올해 10년째 되는 혁신학교였다. 혁신학교라니! ㄷ자 책상 배치에 공개수업을 해야 하고 학생 활동도 많은, 그야말로 교사의 열정을 갈아넣어야 하는 곳이 아닌가!

학기가 시작하기 전 새 학년 준비 연수를 들으며 생각했다. '아, 잘못 왔다⋯⋯.' 연수는 방학 중임에도 오후 4시를 넘겨 진행되었는데, 그럼에도 불구하고 아무도 자리를 뜨지 않았다. 이 선생님들의 열정은 어디에서 오는 걸까? 나는 부담스러워지기 시작했다. '저는 그런 사람이 아니에요!'라고 외치고 싶었다.

그 생각의 절정은 일주일간의 공개수업 주간이었다. 사실 첫 공개수업 준비를 하는 동안은 아무런 부담이 없었다. 모든 것이 처음이라 백지상태였기 때문이다. 아무도 나에게 공개수업에 대해 일러준 일이 없기에, 도무지 수업이 무섭지 않았다. (나중에 안 사실이지만, 혁신연구부에서 무수히 일러주었으나 뭔지 잘 몰랐기 때문에 흘려보냈던 것이었다.)

내 수업은 세 분이 참관하셨는데, 주로 학생들이 무엇을 하고 있는지 둘러보았다. 수업 내용을 따라오지 못하는 학생들 옆에서 활동을 도와주기도 했다. 나는 조금 당황했다. 뒤에서 수업을 관찰하다가 중간에 교실을 뜨곤 하던 일반 학교의 수업 공개와는 달리, 일어나 교실을 누비는 참관 교사의 모습이 낯설었기 때문이다. 아이들은 익숙했고, 나는 어색했다.

공개수업 주간이 끝나고 담임교사들과 교과 담당 교사들이 모였다. 이야기를 주고받다 보니, 내가 수업에서 미처 보지 못했던 학생들의 모습이 떠올랐다. 유독 힘든 반에 대한 이야기가 오갈 때는 자연스럽게 함께 대안을 모색하기도 했다. 긍정적이고 활발한 분위기에 걱정했던 마음이 조금씩 지워지려는 순간, 청천벽력 같은 말이 들려왔다. 공개수업 주간과 그 주간이 끝난 후의 모임은 한 달에 한 번씩, 일주일 동안 진행된다는 이야기였다.

처음 이 이야기를 들었을 때는 정말이지 앞이 캄캄했다. 그럼에도 불구하고 내가 버틸 수 있었던 이유는, 이 공개수업 주간과 모임을 거듭 경험하며 수업을 대하는 나의 마음이 긍정적인 방향으로 변화했기 때문이다. 부족한 수업에 대한 피드백은 물론, 미처 이해하지 못했던 학생들의 말과 행동들을 이해하는 데도 큰 도움을 받았다.

이 시스템을 통해 나는 수업에 대해 더 깊이 고민하게 되었다. 이곳을 '배움과 나눔으로 성장하는 곳'으로 만들기 위해 나는 어떤 수업을 구상해야 할까? 내년부터는 학년별 국어과 교육과정을 만들어볼까? 학생들도 교사도 함께 성장하는 수업을 목표로, 다양한 시도를 해보고 싶다는 생각이 들었다. 교사에게 수업을 바꾸는 것은 자신의 전부를 바꾸는 것과 같다는데, 이곳은 나를 기꺼이 변화하고 싶게 했다.

아이들과 노는 게 재밌어요

우리 학교에는 학교 내 각종 활동에 누구보다 열심인 체육 선생님이 있다. 학교의 이런저런 행사에 빠지지 않고 참여하고, 학생들의 다양한 체험 활동을 위해 거침없이 앞장선다. 코로나19의 상황에서도 반별로 숲 체험을 하거나, 학년별 체육대회, 가평 잣 마을 체험 등 굵직한 행사를 진행할 수 있었던 것은 모두 이분 덕분이다. 사제 멘토링 활동으로 자전거 타기, 삼겹살 구워 먹기를 진행한 것도 빼놓을 수 없다. 게다가 학부모와 함께 배드민턴 치기나 교사 그룹사운드 모임 등 기타 부수적인 활동에도 빠지지 않는다. 나는 이 열정의 근원이 궁금했다.

"선생님! 이렇게까지 열심히 학교 활동을 하시는 이유가 있을까요?"

"저는 첫 학교에서의 경험이 참 좋았어요. 여기보다 선생님들이 훨씬 더 적극적이셨고, 그래서 학교행사도 많았죠. 행사가 있을 때마다 모두가 함께 참여하는 게 참 좋았어요. 모든 교사들이 한마음이었던 거죠. 그곳에서 이런 열정을 배운 것 같아요. 무엇보다도, 저는 학생들이랑 노는 게 재밌어요. 게다가 교장 선생님께서도 뭐든 해보라고 지원해 주시니까, 더 주저 없이 할 수 있는 것 같아요."

학기 중 반별 단합 대회를 한 적이 있다. 1분 1초가 아까워 시간을 쪼개어 놀고 있는 학생들을 보고 있자니, 기특하기도 하고 애잔하기도 했다. 단합 대회를 한다고 반 티도 맞춰 입고, 피구에 술래잡기에 진실게임까지. 싸늘한 날씨에 땀을 뻘뻘 흘리면서 노는 아이들을 보니 그동안 아이들이 모니터만 보면서 얼마나 답답했을지 안쓰러워졌다. 학생들이 놀 수 있는 공간을 마련해 주고, 끼를 발산할 수 있도록 지원해

주는 일, 그것이 교사가 해야 하는 일 중 하나가 아닐까? 그것이 담임의 즐거움이 아닐까?

오리는 태어나 처음 본 것을 어미로 인식한다고 한다. 이를 각인 효과라고 한다는데, 인간도 비슷하지 않을까 생각한다. 우리 학교 체육 선생님도 첫 학교에서의 경험이 체화되어 아이들과 노는 게 재밌다고 말할 수 있게 된 것이 아닐까? 체육 선생님은 이곳에서 또 다른 교사들에게도 긍정적인 영향을 미치고 있다. 특히 초임 교사들과 이곳에서 첫해를 보내고 있는 나와 같은 교사들에게 말이다.

규제를 규제하며 자유를 즐길 줄 알아요

나는 이전에 생활교육부 업무를 했다. 학교폭력대책자치위원회 및 학교폭력전담기구 회의에 참석하여 회의록을 작성하고, 각종 서류를 만들어 공문 처리하는 일이었다. 2020년부터는 학교폭력 관련 회의가 지역 교육청으로 넘어가게 되면서 현장에서 회의록을 작성할 일이 많이 사라지게 되었으나, 그렇다고 학교폭력 사안이 줄어든 것은 아니었다. 갈등의 한복판에서 마음고생을 하는 업무이기에 어느 학교나 생활교육부 업무는 기피 대상이다. 이곳도 형편이 크게 다르지는 않을 텐데, 이상하게도 원활하게 진행되고 있다. 그 중심에는 생활교육부장 선생님이 있다.

대학 4학년 때 학생들의 두발과 복장에 대해 토론하는 수업이 있었는데, 그때 나는 자율화에 대해 찬성하는 입장이었다. 그런데 아이러니하게도 다음 해에 나는 발령받자마자 학생 생활지도 업무를 맡게 되었다. 남학생의 구레나룻 길이와 여학생의 치마 길이를 단속하는 게 주된 일이었다. 학생들의 무지갯빛 머리 색을 꿈꿨던 나는 생활지도 업무를 하면서 학교 방침에 따라 사고가 고착되어 갔다.

그런데 이곳의 학생들은 두발과 복장이 자유롭다. 물론 교복은 있으나, 자유롭게 입는다. 화장도 자유이며, 실내화도 따로 신지 않는다. 염색도 한다. 그래서 학부모가 복장 규제를 강화해 달라고 건의를 하기도 한다. 그 건의에 생활교육부장 선생님은 이렇게 답했다.

학생 생활 규정 외에 별도로 두발과 복장을 제한하지는 않습니다. 이것은 상식 수준에서 자유롭다는 것을 의미합니다. 상식에서 많이 벗어난다면 교사가 지도를 합니다. 저희 학교에는 두발과 복장에 대한 지도를 전담하는 부서가 없습니다. 예전에 이에 대해 협의한 바가 있습니다. 이 문제는 해당 학생의 담임, 학년부장, 생활교육부장 외에는 간섭하지 않기로 말입니다.

상식 수준에서 자유롭다는 것은 학생들을 자유롭게 하고, 또한 교사를 자유롭게 한다. 내 마음속에서 자연 갈색으로만 존재하던 학생들의 머리 색이 다시 무지갯빛으로 물들기 시작했다. 그러다 나는 규제를 규제할 수 있게 된 배경이 궁금해졌다. 내 질문에 생활교육부장 선생님은 이렇게 말했다.

"아, 그건 저의 평소 소신이었어요. 저는 머리나 복장, 화장을 규제하는 게 아이들의 삶에 긍정적인 영향을 미친다고 생각하지 않아요.

정문 앞에서 두발과 복장을 단속하고 이름을 적는 게 무슨 의미가 있을까요. 물론 다른 학교에는 지금도 열심히 지도하고 있는 교사들이 있지요. 그들은 그들 나름대로 열심히 교육하고 있는 거예요. 저도 이전 학교에서는 정문에서 슬리퍼 신고 등교하는 학생을 지도했어요. 벌은 수업이 끝난 후 시 한 편을 외우고 가는 거였죠. 그러나 꼭 한 명씩 도망가는 애들이 있잖아요. 그렇다고 다른 애들은 다 외우고 갔는데 그냥 보낼 수는 없고, 그래서 끝까지 데리고 와서 외우게 하고 또 도망가면 받을 때까지 전화하고 그랬죠. 서로 얼마나 힘든 일인지. 그래서 많이 고민했어요. 이전 학교에서는 이런 고민을 이야기하면 열심히 지도하고 있는 교사들과 교장 선생님, 교감 선생님의 교육철학과 부딪히기 때문에 말할 수 없었어요. 그런데 이 학교는 저와 비슷한 생각을 가진 교사들이 많았죠. 그래서 고민을 함께 나누고 지금과 같은 방식을 채택하게 된 거예요. 물론 이 학교의 아이들이 착하고 수용적이어서 가능한 부분도 있습니다.”

즉 지금의 방침은 여러 사람이 함께한 결과라는 것이었다. 교사의 생각이 바뀌고, 학생들도 주어진 자유를 즐길 줄 알게 되고, 학부모도 이를 수용할 수 있도록 설득한 결과였다.

“한 번에 된 것은 아니었어요. 조금씩 고쳐나간 결과죠. 이번에는 여기까지, 다음에는 조금만 더. 이렇게 규정을 개정하면서 만든 결과예요. 저는 교복도 자유롭게 하고 싶은데, 교복에 대해서는 여러 의견이 많아서 아직 시행하지는 못하고 있어요.”

이야기를 듣다 보니, 나는 문득 생활교육부장으로서 가장 힘든 일이 무엇인지도 궁금해졌다.

"학부모님을 상대하는 것이 가장 힘들어요. 담임선생님들도 물론 그러시겠지만, 이 학생과 저 학생의 주장이 서로 다른데 그걸 확인할 수 없을 때, 서로 자기주장만 할 때, 그런데 학부모는 그 점을 이해하지 못할 때. 그럴 때가 가장 어렵고 힘들죠."

나 역시도 느끼고 있었던 부분이라, 그 대답에 크게 공감하고 고개를 끄덕이지 않을 수 없었다.

한 명의 학생도 놓치지 않도록, 다정하게

요즘은 구청이나 교육청, 그 산하기관, 각 지역의 사회 복지 단체 등 수없이 많은 기관과 단체에서 다양한 교육 지원 프로그램이 운영되고 있다. 교육복지나 기초학력 대상자, 다문화가정 및 정서 지원 대상자 등 도움이 필요한 학생들과 연결할 수 있는 프로그램도 많고, 필요한 검사나 상담을 지원하는 곳도 많다. 관련 공문이 내려오면 담당자는 그것을 공람하면서 신청하라고 공지한다. 그러나 보통 아무도 신청하지 않는다. 학교 예산을 쓰는 일은 귀찮은 절차를 동반하기 때문이다. 이것이 일반적인 모습이다.

그러나 이 학교에서는 관련 프로그램이나 프로젝트를 안내하면 담임들이 적극적으로 참여한다. 사제 멘토링 활동에 적극적이며 학교 예산을 사용하는 일을 꺼리지 않는다. 나도 이때다 싶어 다른 교사들과 함께 신청 버튼을 누르다가, 문득 이렇게 할 수 있는 분위기가 형성된 계기가 궁금해져서 상담복지부장 선생님께 물었다.

"그건 저희가 이 부분에 대해 교직원 워크숍에서 함께 이야기하고 합의했기 때문이에요. 또 교장 선생님이 기초학력이나 교육복지에 관심이 많으시기도 했고, 코로나19로 인해 학력격차 문제로 교육청 예산이 늘어나기도 했지요. 워크숍을 하면서 우리는 기초학력의 저하나 정서적 지원의 필요 같은 문제점에 대한 서로의 생각을 공유할 수 있었고, 이를 통해 선생님들이 적극적으로 참여할 수 있게 된 거예요. 무엇보다 도움을 필요로 하는 아이들에게 적절한 도움을 주고 싶다는 마음은 모두가 같았으니까요."

주민자치센터 업무, 행정실 업무, 방과 후 업무가 교차하는 일이 바로 상담복지 업무이다. 때문에 교사가 왜 이런 일을 해야 하나 싶을 때가 분명히 있다. 그러나 중요한 일이다. 또한 교사들이 모두 한마음으로 적극적이라면 관련 업무를 담당하는 교사의 보람도 더 커질 것이다. 이 학교에 형성된 분위기는 프로그램의 필요성에 대한 생각을 서로 공유하고, 의견을 나누며 그 활용을 함께 고민한 결과인 것이다.

이 학교의 뼈대는 학년부가 아닐까요?

우리 학교 음악 선생님은 학교에서 맡게 되는 여러 가지 업무 중 담임 업무를 제일 선호한다고 말했다.

"예전에 비담임으로 방송반과 수업계를 담당했던 적이 있었어요. 그때 정말이지 너무 힘들었어요. 일이 많기도 했지만, 내 아이들이 없다는 게 가장 힘들더라고요. 다른 선생님들은 우리 학교의 담임 업무가 많은 편이라고 하시는데, 저는 그렇게 생각하지 않아요. 업무를 전담할 때가 훨씬 일이 많고 어려웠어요. 오죽하면 제가 수업계 업무를 하면서 담임을 맡을 테니 방송반은 빼달라고까지 했었다니까요."

교직에 40년 동안 계셨던 선생님이 "저도 아직 담임이 어려워요."라고 말씀하시는 것을 들은 적이 있다. 학급 운영에 대한 책을 여러 권 쓰실 만큼 담임 업무에 일가견이 있는 분이셨는데, 그런 분마저 담임 업무가 여전히 어렵다고 하시니 역설적이게도 나는 그 말에 큰 위안을 받았다. 그만큼 담임은 매해 새롭고 매번 어려운 업무이다. 그럼에도 불구하고 음악 선생님이 담임 업무가 업무 전담보다 더 낫다고 말할 수 있었던 것은 이 학교의 학년부 체제 시스템 덕분이라는 생각이 들었다.

우리 학교는 공강 시간을 맞춰 일주일에 한 시간씩 학년 회의를 하고, 사안에 따라 학년별로 회의가 소집되기도 한다. 갑작스러운 공지에도 학년 담임교사들과 교과 교사들이 대부분 모인다. 예를 들어 어떤 반의 학생이 문제를 일으켰다면 교사들이 한자리에 둘러앉아 사안에 대해 의논을 하고, 담임교사의 설명과 각 교과 교사들이 수업을 하면서 관찰한 결과를 공유하면서 문제의 해결책을 모색한다. 이렇게 함께 이야기를 하면 담임 한 사람이 오롯이 책임져야 할 문제였던 것이 우리 모두의 문제가 된다. 물론 모든 문제들이 즉각적으로 해결되는 것은 아니지만, 적어도 교사의 부담과 스트레스는 덜어줄 수 있다. 혼자 감당하다가 담임교사가 학생을 포기하게 되는 상황까지는 가지 않는 것이다. 혼자가 아닌, 동료가 나와 함께 있다는 든든함. 그것이 우리 학교 학년부의 힘일 것이다.

시스템을 만들어가는 중입니다

어느 날 교직원 회의에서 있었던 일이다. 교직원 회의가 너무 늦게 끝난다는 이야기가 나왔다. 우리 학교의 회의는 3시 30분에 시작해도 나누어야 할 이야기가 차고 넘쳐 5시를 넘기기 일쑤였다. 나를 포함한 새로 발령받은 교사들은 이러한 분위기에 적응하기 어려워했고, 결국 그들 사이에서 불만이 터져나온 것이었다. 이에 대한 격론이 이어진 결과, 현행을 유지하기로 결론이 났다. 그런데 마지막에 한 교사가 인상 깊은 한마디를 남겼다.

"이 시스템을 만들기 위해 얼마나 많은 교사들이 노력했는지 아세요?"

이 학교에서는 연수 전에 아이스 브레이킹을 위해 여러 활동을 한다. 모둠별로 다양한 활동을 하면서 미리 예열을 하는 것이다. 이런 활동을 계획하고 진행하는 것은 모두 혁신연구부장의 몫이다. 이는 수업 한 시간을 더 준비하는 것과 다르지 않을 것이다. 회의 시간은 정해져 있고, 교사들은 제때 모이지 않고, 모인 교사들과 모둠활동도 진행해야 하고, 회의 안건도 정리해야 하고……. 준비된 회의 자료를 읽고 전달 사항을 들은 후 해산하는 기존의 교직원 회의가 아니라 모둠별로 참여하고 소통하는 자리를 만들기 위해 부단히 첨가하고 수정하며 여기까지 왔다는 의미였다. 그리고 보니, 대여섯 명씩 둘러앉아 한 명씩 모두 자신의 의견을 말하고 조율하며 안건을 해결하는 것이 물 흐르듯 자연스러울 수 있었던 것도 이러한 모양새를 만들어낸 사람들의 노력이 있었기 때문이라는 생각도 들었다.

이 시스템의 중심에는 혁신연구부장 선생님이 있다. 나는 혁신연구부장으로서 힘든 일은 없었는지 궁금했다.

"저는 예전에 이 학교에서 일하다가 다른 학교로 전출 갔었고, 다시 지원해서 돌아왔어요."

"혁신학교로 다시 오신 이유가 있을까요?"

"혁신학교에서의 생활이 좋았으니까요. 학생들은 선생님이 자기들을 존중해 주고 사랑해 준다는 걸 알면, 학교에 오는 걸 좋아하게 되거든요. 저는 혁신학교에서 그 모습을 봤어요. 게다가 어떤 활동이든 모든 선생님들이 참여하고, 부족한 점은 서로 돕는 점도 좋았어요. 학교를 바꾸고 함께 만들어간다는 사실은 특히 재미있었죠. 방학을 모두 투자해서 일할 만큼요."

혁신연구부장 선생님은 이어서, 학교에서 내가 소모되는 느낌이 아니라 내 생각과 의견을 말할 수 있고 그 의견이 반영되어 학교가 변해가는 것이 느껴져서 힘들지 않았다고 말했다.

"하지만 힘든 것과는 별개로 이 일이 교사 한두 명이 할 수 있는 일은 아닌 것 같다는 생각이 들어요. 일이 많다기보다는, 너무 광범위해요. '혁신'이라는 말이 붙는 일은 모두 저희 부서로 내려오거든요. 예를 들어서, 공간에 혁신이 붙어 '공간 혁신'이라고 하면 그 일은 저희에게 오게 되는 거죠."

그러고 보니 우리 학교의 자랑 중 하나가 학생들의 쉼터인데, 그 공간을 재구성하고 만드는 일도 혁신연구부가 맡았었다. 말 그대로 정말 광범위한 업무를 맡고 있었다.

그럼에도 불구하고, 혁신연구부장 선생님은 즐겁다고 했다. 선생님들과 함께 모여 복작복작하는 게. 교훈을 바꾸기 위해 모여 의견을 나누고, 교사 힐링 연수로 나무에 사포질을 하며 수다를 떨고, 전 교사 토의 시간에는 모두 의견을 한마디씩 보태는 게. 그렇게 신난다고 했다.

"다른 학교에서는 고민이 있어도 그걸 나눌 수 있는 방법이 많지 않아요. 그런데 우리 학교는 담임 회의도 있고, 수업 연구회도 있고, 교사 학습 공동체도 있고, 소모임도 있으니 그런 자리에 둘러앉아 이야기할 수 있잖아요. 짐을 나눌 수 있으니 힘들지 않아요. 그렇게 함께 이 학교를 만들어가는 중인 거죠."

지속 가능한 학교를 위해 같이 고민해요

우리 학교에 대한 학생과 학부모의 평가는 대부분 긍정적인 편이지만, 해결해야 할 부분도 많다. 학부모는 여전히 지필평가가 적은 것에 불안해하고 있으며, (개인적인 고민이기는 하지만) 배움과 나눔과 성장이 일어나는 수업이 제대로 이루어지고 있는지 확신할 수 없고, 복장이나 휴대폰 사용 규제에 대한 불만도 있다. 그리고 교사들 간의 갈등도 당연히 존재할 것이다.

혁신학교에서 한 해를 보내면서 사람과 시스템의 관계에 대해 자주 생각한다. 교사의 열정과 희생만을 바탕으로 하는 학교는 지속 가능하지 않을 것이다. 또 몇몇 교사의 주도로 학교가 운영된다면 그 역시도 지속 가능하지 않을 것이다. 반대로 완벽한 시스템과 형식이 구축되어 있어 어떤 교사가 와도 사용 설명서대로 운영되는 학교가 있다면, 그 학교 역시 지속 가능하기 어려울 것이다. 교사의 자발성이 사라진 채

부품처럼 소모될 테니까.

어떻게 보면 혁신학교의 운영을 사람의 열정과 시스템으로 나눌 수 있다는 전제부터 잘못되었기에 바람직한 결론에 도달하지 못한 것일 수도 있겠다. 한 사람의 인생도 한 나라의 역사도 세월에 따라 부침이 있는 것은 당연하기에, 특정 학교 역시 세월의 흐름에 따라 변하는 것은 당연한 일일 것이다. 학교 구성원들이 만들어가는 하루하루가 모여 그 학교의 색깔을 드러내는 것일 테니 말이다.

혁신학교가 지속 가능할 것인지에 대한 의문을 제기하는 대신 교사, 학부모, 학생 등 모든 구성원들이 한자리에 모여 지금 이 순간을 행복하게 보낼 수 있도록 머리를 맞대고 바꿔나가는 것이 우선일 듯하다. 학교를 위해 신나게 일하고 놀 수 있는 시스템을 구축하고, 열정을 가진 사람들이 존중받는 분위기를 만들고, 그렇게 만들어진 문화가 지속될 수 있도록 하는 것이 우리가 해야 할 일일 것이다.

이 글을 쓰면서 나는 나의 5년 후가 기대되기 시작했다. 정말 교직 생활 중 최고의 시절을 보내게 될지, 아니면 이곳과는 정반대의 다른 학교를 꿈꾸게 될지. 나도 내가 궁금해진다.

내가 걸어온
혁신학교

이은자

상봉중학교

나는 교사로서 어떤 삶을 살아야 할지 고민하며 방황하던 시기에 혁신학교를 만나 긴 여정을 시작했다. 지금도 계속되고 있는 이 여정은 비록 고되지만, 나를 행복한 교사로 만들었다. 혁신학교는 내게 수업의 민주성, 업무의 민주성, 삶의 민주성을 고민하게 했나. 물론 내가 경험한 혁신학교의 방식이 학교에서 발생하는 모든 문제들에 답을 제시할 수 있다고는 생각하지 않는다. 그러나 그 문제를 해결하기 위한 희망적인 방향성을 제시한다는 것은 확신할 수 있다. 많은 학교들이 함께 혁신의 방식을 고민하고, 현장에 적용할 수 있기를 바란다.

혁신학교에서 나의 내면을 일깨우다

나는 20년 가까이 경력을 쌓아왔지만 성숙한 교육자로서의 내면 성찰이나 생활 태도와는 거리가 먼 교사였다. 교사는 수업만 잘하면 그만이라고 생각했고, 업무는 학교가 돌아갈 정도만 하면 된다고 생각했다. 모든 문제는 내가 아닌 동료 교사와 학생, 더 나아가서는 관리자와학교에 있다고 여겼다. '지고의 완전한 상태를 염두에 두고서 매사를비판하고 불평하는' 교사였다고 스스로를 평가한다면 지나친 자기 비하일까? 여하튼 나는 우리 교육에 매우 비판적인 교사였다. 이후 내가성찰 없는 비판과 대안 없는 문제의식만 가진 교사라는 것을 깨닫기까지는 시간이 제법 걸렸다.

연대와 공동체에서 희망을 찾다

내게는 아주 오래전부터 말할 수 없는 비밀이 있었다. 내가 '쾌락주의자'라는 사실이다. 내 인생을 일관하는 가치를 기꺼이 '쾌락'에서 찾고자 했다. 누군가 들으면 오해할지도 모른다는 생각에 그동안 드러내말하지는 못했으나, 에피쿠로스학파 철학자들의 이야기를 담은 《우정은 세상을 돌며 춤춘다》를 읽으면서 내 인생의 큰 줄기를 '쾌락'이라는멋진 명분으로 설명할 수 있게 되었다. 오랫동안 고민했던 인생의 딜레마가 해결되는 기쁨을 이 책을 통해 느꼈다.

엄마 품의 포만감과 안락함이라는 유년기의 쾌락은 또래와의 놀이와 동류의식으로 은밀하게 드러났고, 이후 충동적으로 어른들에게 반항하는 일달의 형태인 청소년기의 쾌락으로 발전했다. 어른이 될 무렵에는 〈양철북〉이라는 영화의 주인공처럼 세상을 향해 알 수 없는 비명을 지르고 싶었다. 어른들이 살고 있는 현실 세계에 대한 극도의 공포감을 생각이 비슷한 누군가와의 동류의식으로 극복했다. 이와 같은 우정과 동류의식은 그 후로도 다양한 형태로 변화했다. 사랑하는 사람과의 우정은 결혼으로, 그 결혼은 신뢰와 사랑을 담은 혈연 공동체인 가족 연대로 꽃피웠다. 또한 비슷한 교육적 가치를 추구하는 동료 교사들과는 학교에서의 교육적 연대를 만들고 있다. 이런 다양한 변화는 내가 인생에서 '연대'라는 가치를 매우 소중하게 여기는 계기가 되었다. 나와 너의 일부를 내어 나누며 싹트는 사회적, 공동체적 연대가 내 안에 확고히 자리를 잡기 시작했다.

이렇듯 쾌락주의자 에피쿠로스학파 철학자들이 만나는 진정한 쾌락, '아타락시아'에서 나는 삶의 희망을 찾았다.

이 글은 우리 학교가 혁신학교로서 새 출발을 시작한 직후 만들어진 교사 독서 동아리에서 《우정은 세상을 돌며 춤춘다》라는 책을 읽고 쓴 서평이다. 혁신학교 독서 동아리에서 동료 교사들과 함께 책을 읽고 서평을 나누는 과정을 통해 교사로서의 정체성에 대한 고민과 성찰을 끊임없이 시도한 것이다. 그 뒤로 나는 자주 주변을 돌아보며 고민하는 동료 교사를 발견하고 그들에게 손을 내밀기 시작했다. 그렇게 손을 잡은 동료들과 함께하니, 굳었던 나의 내면은 온기를 띠며 서서히 깨어났다. 나의 혁신이 시작된 것이다.

혁신학교를 만나다

꿈과 희망을 노래해요

"선생님, 올해 경력이 얼마나 되셨죠?"

"글쎄요……. 16년쯤 된 것 같네요."

"이제 부장직을 맡아보셔야죠."

"제가요?"

"선생님께서 부장을 안 하시면 누가 하겠어요?"

나는 이렇게 부장이 되었다. 부장의 역할에 대한 고민도 해보지 않았고, 책무감에 대한 엄중한 인식도 없었다. 다만 '지금까지 내가 불만을 가졌던 관리자들을 앞으로도 계속 피할 수 있을까? 피한다고 문제가 해결될까? 내가 직접 관리직을 맡으면 어떻게 할까?'라는 생각은 했다. 또한 어쨌든 경력이 쌓였으니 경험은 해봐야겠다는 생각도 있었다. 그렇게 특별활동부장을 시작으로 세 번의 학년부장직을 더 거치면서, 나는 그 자리가 참으로 만만치 않다는 것을 뼈저리게 느끼게 되었다. 또한 내가 불만을 품었던 관리자들의 모습이 다만 꿈과 이상이 없었던 것이 아니라, 달리 어찌할 수 없는 상황과 자리로 만들어졌다는 것도 그때 알게 되었다.

그럼에도 불구하고, 나는 내가 지난 관리자들보다는 역할을 제대로 수행하고 있다는 자만심을 가지고 있었다. 주변에서 잘한다며 떠받들어 주니 그 말이 달게만 들렸다. 학년부장에서 행정부장으로 역할이 바뀔 때는 내심 '나보다 잘할 학년부장이 있겠어?'라고 생각하기도 했다.

하지만 그 뒤로, 내가 부장으로서 달성했던 성과를 뛰어넘어 더 이상적이고 체계적으로 업무를 수행하는 동료 부장들이 하나둘 보이기 시작했다. 처음에는 질투심이 느껴졌다. 그리고 그 질투심이 부러움을 거쳐 존경심에 다다랐을 때쯤 이런 생각이 들었다. '아니, 선생님들은 어디에 이렇게 엄청난 능력을 꼭꼭 숨겨뒀던 거야?'

그리고 그 생각은 '이런 능력을 지닌 선생님들과 함께라면, 혁신학교를 신청해 봐도 좋지 않을까?'라는 생각으로 발전하게 되었다. 당시 주변의 많은 학교들도 혁신학교 신청을 고려하고 있었고, 우리 학교 교사들도 모였다 하면 혁신학교에 대한 의견을 주고받을 때였다. 나는 부장 교사들이 모이는 협의회에서 조심스럽게 이야기를 꺼냈다.

"우리 학교도 혁신학교 지정 신청을 하는 건 어떨까요?"

말문을 먼저 열기는 했지만, 사실 나는 반응을 예측하지는 못했다. 교사들 대부분은 변화를 반기지 않기 때문이다. 학교는 보수적인 공간이고, 그 구성원인 교사들도 대부분 같은 성향을 띤다. 교사들끼리 모여 혁신학교에 대한 의견을 나눌 때도 견해 차이가 확연했다. 어떤 반응이 돌아올지 몰라 마음을 졸이던 그때, 대답은 의외로 교장 선생님에게서 먼저 돌아왔다.

"나는 좋습니다. 다른 선생님들 생각은 어떠세요?"

잠시 정적이 흐르고, 이어 교장 선생님이 다시 말문을 열었다.

"나는 혁신학교 교장에 맞는 사람은 아닙니다. 더욱이 혁신학교가 뭔지 아직 잘 모릅니다. 입시 성적이 최고라고 생각하며 수학 교사로 지냈고, 그러다 보니 교감을 거쳐 교장이 되었습니다. 돌아보면, 이제까지 나는 아이들을 위해 참된 교육을 한 것 같지는 않습니다. 선생님들은 어떠신지요. 나는 우리 학교 선생님들이 나와 같은 후회를 하지 않았으면 좋겠습니다. 참된 교육을 하셨으면 좋겠습니다. 우리 아이들에게 성장과 배움이 일어날 수 있도록 힘써주세요."

형식적인 설득이 아닌 진솔한 호소에 자리에 있던 교사들 모두가 잠시 숙연해졌다. 지정 신청에 찬성하는 쪽이든 반대하는 쪽이든, 아이들과 교사가 함께 행복한 학교를 만들고 싶은 마음은 모두 같았을 것이다. 자유롭게 꿈을 꿀 수 있는 학교, 즐겁고 신나는 배움이 있는 학교 말이다.

그러나 부장 협의회의 분위기와는 다르게, 전 교사를 대상으로 한 혁신학교 지정 신청 찬반 투표는 찬성 60%, 반대 40%라는 결과가 나왔다. 혁신학교는 연구 점수나 승진 점수를 챙길 수 없고, 잦은 수업 공개나 각종 행사 및 활동 등 번거로운 일정이 많다고 생각하는 교사들이 꽤 있었던 것이다.

거의 절반에 가까운 반대표는 부담으로 다가왔다. 이는 변화에 대한 교사들의 두려움을 의미했다. 그렇게 우리 학교는 결코 가볍지 않은 마음으로 혁신학교로서의 새 출발을 시작했다.

혁신학교 공감대, 함께 고민하다

첫발을 내딛는 혁신학교에서 가장 절실한 것은 혁신학교의 교육철학에 대한 교사들의 공감이다. 이러한 공감대는 어떻게 만들어야 하는 것일까? 시작부터 쉽지 않은 고민이 찾아왔다.

혁신학교로서의 첫 워크숍은 '혁신학교란 어떤 학교인가?'라는 주제로 시작했다. 큰 주제로 시작했지만 교사들의 고민은 늘 수업과 생활지도로 수렴된다. 이야기의 방향은 '수업 시간이 즐거운 학교', '하생 생활지도가 잘 되는 학교'로 흘러갔다. 보통 생활지도에 대한 논의가 시작되면 자율과 규제 간의 팽팽한 대립 구도가 형성된다. 이상과 현실 사이에서 결론이 나지 않는 토론이 반복되는 것이다. 이번 논의도 여느 때와 마찬가지로 소모전이 되었다.

그렇게 생활지도 건에서 수업 건으로 넘어가 'ㄷ자 형태' 수업을 하자는 논의가 시작될 때쯤 교사들은 피로감을 호소하기 시작했다. 이어 교실이라는 교사의 자치 공간을 개방해야 한다는 이야기가 오가고, 수업 형태에 대한 논의가 나오기 시작하자 몇몇 교사가 분분히 일어났다.

"이거 연수가 너무 빡빡한 거 아니에요?"

"그냥 푹 쉬다 가면 되지, 뭘 이렇게 길게 토론합니까?"

"ㄷ자 형태 수업은 꼭 해야 됩니까?"

"학기 초에 이미 학년별로 교원 학습 공동체에서 결정하자고 결론이 났던 이야기 아닌가요?"

계속되는 논의에 지친 교사들의 반발에 분위기는 순식간에 가라앉았고, 앞서 한 모든 이야기는 흐지부지되기 직전이었다. 그때 한 교사가 일어나 말했다.

"우리가 언제 이렇게 진지하게 토론을 해본 적이 있나요? 아이들한테는 토론의 중요성을 말하면서, 정작 교사들은 토론하기를 피하면 안 되는 거 아닌가요?"

그때 나는 그 교사에게서 앞으로 펼쳐질 혁신학교 토론 문화의 희망을 보았다. 1박 2일 워크숍 대토론회 한 번으로 혁신학교에 대한 공감대를 만들기는 역부족이었지만, 희망과 함께 출발한 것이다.

그 후로도 다양한 연수가 이루어졌다. 특히 사진 편집, 동영상 제작,

엑셀 등 수업에 필요한 다양한 스킬을 배우는 연수는 외부 강사가 아닌 '동료 교사와 함께 만들어가는 연수'로 기획했다. 계속해서 무언가를 익히고 배워야 하는 연수가 힘들다고 느껴질 때쯤에는 볼링, 탁구, 배드민턴 등 '힐링 연수'로 즐거운 시간도 보냈다. 학년 말에는 바리스타, 파티쉐, 소믈리에 등 교사들을 위한 '진로 체험 연수'를 기획해 서로의 재능에 놀라기도 하고, 연말에는 파티를 열어 전 교직원이 함께 웃음꽃을 피우기도 했다. 이러한 연수를 통해 교사들이 자연스럽게 친밀감을 형성하게 되고, 이를 바탕으로 서로의 다름을 이해하고 수용하는 공감대가 서서히 만들어졌다.

처음에는 부정적이던 교사들도 마침내 이러한 소통의 경험이 수업 혁신에 대한 논의로 나아갈 수 있는 토양이 될 것이라는 데에 동의했다. 그렇게 우리는 모두 수업 혁신에 대한 희망의 끈을 놓지 말자고 서로에게 말할 수 있게 되었다.

혁신학교에서 집단지성을 확인하다

계속되는 연수와 노력으로 인내가 필요한 회의 문화는 그럭저럭 정착되어 가고 있었다. 그러나 학년 말에 기어이 업무 분장 문제로 일이 터졌다. 아직 혁신학교 업무가 익숙하지 못한 상황에서 몇몇 부장 교사들이 과로로 지쳐버린 것이다. 부장 교사들은 학생들 눈치 보랴, 담임 교사들 눈치 보랴 3D 업종이 따로 없다며 눈물로 고통을 호소했다. 이에 교감 선생님이 이리 뛰고 저리 뛰며 한 사람씩 붙잡고 부장직을 맡아달라며 읍소했지만 소용없었다.

특히 하루도 조용할 날이 없는 생활지도부상 자리는 아무도 맡으려

하지 않았다. 학교는 다문화가정, 한부모가정, 운동부, 특수반 아이들이 각각 다른 빛깔로 섞여 있기 때문에 학기 초부터 사건 사고가 끊임없이 터진다. 뒷수습만으로도 하루 해가 짧을 지경이다. 때문에 생활지도부는 일 년 내내 바람 잘 날이 없는 부서이다.

이러한 상황에서 이참에 업무 분장 시스템을 뒤집어보자는 공감대가 형성되기 시작했다. 모든 교사들이 모여 업무를 분석하고 개선 방향 및 효율화 방안을 논의하여 자료로 만들면, 이를 토대로 임시로 형성된 태스크포스팀에서 연구를 진행했다. 그러나 이 과정은 끝을 모르고 이어졌고, 계속될수록 개인의 안위와 학교의 책무성 사이를 시계추처럼 왔다 갔다 하는 시간은 길어지고만 있었다. '우리 경력 정도면 봉사한다는 생각으로 부장직 맡아야 하는 거 아닐까요?'라면서 책무성을 강조하는 교사도 있었고, '그래도 못하겠다는 사람에게 억지로 하라고 할 수는 없잖아요.'라며 부담을 강제로 지게 하는 것은 안 된다는 교사도 있었다.

결국 우리는 많은 사람들의 생각, 집단지성을 믿어보자는 결론에 이르렀다. 조사 결과, 많은 교사들이 역사 선생님의 인품과 능력을 높이 평가하고 있었다. 게다가 역사 선생님을 평소에 존경하고 따르는 교사들이 많아, 업무를 적극적으로 돕겠다는 지원자가 많았던 것도 추천의 이유였다.

"다들 역사 선생님을 생활지도부장으로 추천했어요."

"업무가 부담되신다는 것, 잘 알고 있습니다. 저희도 도와드릴게요."

"힘드실 때는 언제든지 저희한테 말씀해 주세요."

"저희도 함께 이 업무를 맡는다고 생각할게요."

태스크포스팀과 다른 교사들은 모두의 생각을 바탕으로 역사 선생님을 끈질기게 설득했고, 마침내 긍정의 대답을 듣기에 이르렀다.

한번은 수련회에서 학교폭력 사안이 발생하였다. 생활지도부장을 맡은 역사 선생님은 이 사안을 해결하는 과정에서 학생의 인권, 학부모의 마음, 교육청의 매뉴얼까지 두루 살펴 논리적으로 접근하면서도 균형감을 가지고 풀어내는 모습을 보여주었다. 물론 처음 부장직을 맡을 때 도움을 약속했던 동료 교사들의 손도 적재적소에 활용했다. 이를 바라보는 교사들 모두가 감탄했다. 역사 선생님을 생활지도부장으로 추천했던 집단지성의 힘을 느낀 것이다. 민감하기 이를 데 없는 학교폭력 사안을 처리하는 과정에서 학생과 교사, 학부모가 서로를 이해하고 위로하며 해결을 향해 나아가고 있었다. 그해의 생활지도부는 그 어느 해보다 원활하고 평화롭게 끝을 맺었다. 그때부터 우리는 뭐든지 함께 논의하고 생각을 모으는 일에 즐겁게 빠져들었다.

민주적인 의사결정 시스템만 있다고 해서 모든 문제가 즉각적으로 해결되는 것은 아니다. 그 시스템 속에서 성공을 경험하는 과정이 반드시 필요하다. 이 일은 민주적인 의사결정 시스템과 함께 여러 색을 가진 교사들이 손을 잡고 같은 방향을 바라보는 것이 가능하다는 것을 깨달았던 시간이었다.

수업 혁신, 이렇게 해도 되나요?

우리 학교의 1학년 아이들은 1년간의 장기 프로젝트로 주제 융합 수업을 받는다. 그리고 연말에는 그동안 수업을 통해 배우고 깨달은 내용을 바탕으로 무대를 꾸민다. 올해는 '친구'라는 주제로 융합 수업을 진행하며 연극을 준비했고, 마침내 그 결과를 발표하는 날이었다.

연출을 맡은 학생이 소개를 위해 무대에 올랐다.

"저는 1학년 1반 김지우(가명)입니다. 먼저 이 무대를 보러 와주신 관객 여러분께 깊은 감사의 말씀을 전합니다.

저희는 올해 '친구'를 주제로 융합 수업을 진행했습니다. 이 연극을 위해 국어 시간에는 끝없는 토론을 진행하며 생각의 깊이를 더했고, 그 내용을 바탕으로 시나리오를 썼습니다. 영어 시간에는 친구에게 영어 편지 쓰기 활동을 했고, 수학 시간에는 설문조사 결과를 종합하여 통계를 내기도 했지요. 미술 시간에는 연극에 필요한 분장과 소품을 직접 제작했으며, 체육 시간에는 대본에 맞춰 연기 연습도 했습니다.

이 연극은 친구 사이에 생기는 갈등 때문에 서로를 오해하게 되고 그로 인해 다툼이 일어나지만, 이를 해소하는 과정을 통해 결국 화해하게 되는 이야기입니다. 하지만 부끄럽게도, 저희는 이러한 내용의 연극을 준비하면서 많은 갈등을 겪었습니다. 마음이 맞지 않아 서로에게 상처를 주고 크게 다투기도 했지요. 어떨 때는 그 정도가 심해 차라리 연극을 포기하고 싶을 때도 있었습니다.

그러나 저희는 마치 이 이야기처럼, 그 갈등을 차근차근 해결해 나갔습니다. 선생님들의 도움을 받기도 했고, 저희끼리 모여 눈물로 진심을 담은 내화를 나누기도 했습니다. 이 무대는 그렇게 지나온 저희의 날들을 행복하게 마무리하는 클라이맥스입니다. 지금부터 저희의 행복한 결말을 여러분께 보여드리고자 합니다. 부디 끝까지 자리해 주시면 감사하겠습니다."

소개말이 끝난 뒤 아이들은 무대에 올라 1년간 준비한 연극을 선보였다. 크고 작은 실수들이 있었지만, 그동안의 시행착오와 그것을 극복하기 위한 아이들의 노력이 고스란히 느껴져 관객들의 가슴을 울리는 뭉클하고 멋진 무대였다. 무대를 바라보면서 융합 수업을 이끈 각 교과 교사들의 모습도 주마등처럼 지나갔다. 자리에 함께한 교사들 모두가 같은 마음이었을 것이다. 학생과 교사들 모두 해냈다는 뿌듯함을 한껏 느끼는 감동적인 순간이었다.

'혁신학교는 ㄷ자 형태 수업을 꼭 해야만 하는 건가요?' 혁신학교를 시작한 첫해 전 교직원 토론에서 나온 이야기였다. 배움의 공동체 수업 사례 연수를 다녀온 입장에서는 '수업과 생활지도를 같이 할 수 있는, 이렇게 혁신적인 수업 방법은 없다.'라고 감탄했지만 다른 교사들은 '수업에 정답은 없는 거 아니냐?'라고 말하고 있었다. 그들은 모둠 수업, 특히 ㄷ자형 배움 공동체 수업을 낯설어했고 왜 그런 수업을 해야 하는지 묻고는 했다.

연초에 1학년 교원 학습 공동체에서는 주제 융합 수업을 위해 이 'ㄷ자 형태 수업'을 진행해 보자고 의견을 모았다. 일 년 내내 수업 나눔이 진행되는 동안 우리는 내 교과는 물론 타 교과에 대한 고민까지 함께했다. 주제 융합 수업의 특성상 타 교과의 교육과정도 분석하고 수업도 함께 디자인해야 했기 때문이다. 교사들을 이를 통해 모두 하나가 되어 같은 방향을 바라볼 수 있었다. 또한 ㄷ자 형태의 수업을 진행하니 학생 하나하나를 자세히 들여다볼 기쁜 순간들을 맞이하기도 했다. 수업은 교사가 아닌 학생을 중심으로 진행되었고, 아이들은 꽃처럼 나무처럼 자신을 내보일 기회를 얻기 시작했다. 지난 어느 때도 겪지 못했던 특별한 경험이었다. 나는 올해를 지나며 '말로만 듣던 학생 중심 수업이 바로 이런 것인가?'라는 생각을 했다. 이렇게 교사들 내면에 수업에 대한 새로운 생각들이 자리를 잡기 시작했다. 바로 여기에 수업 혁신이 있었다.

혁신학교, 계속하다

나는 학교 가는 것이 행복한 교사다

혁신학교에서 나는 아이들에 대한 사랑과 동료 교사와의 소통, 연대감, 그리고 무엇보다 가르치고 배우는 것에 대한 기쁨을 얻었다. 전통적인 학교의 보수적이고 배타적인 문화를 비판하면서도 결국 거기에 순응하는 교사로 지난날을 살았으나, 혁신학교에서 설레는 변화의 기회를 만날 수 있었다. 혁신학교는 나를 학교 가는 것이 행복한 교사로 만들었다.

나의 첫 번째 혁신학교는 수업 혁신, 업무의 민주성, 삶의 민주성과 공동체성을 고민할 수 있게 한 곳이었다. 나는 지금 두 번째 혁신학교에서 교무부장을 맡고 있다. 이곳에서 내가 무엇을 할 수 있을까 고민을 거듭한 결과, 나는 처음 혁신학교를 시작할 때 혁신의 가치와 철학을 제시하고 앞장서 길을 낸 교장 선생님과 같은 관리자가 되고 싶다는 생각을 했다. 얼마 전 교감 자격 연수를 마쳤다.

그동안의 경험을 동료 교사들과 나눌 수 있는 길을 걸어가야겠다는 생각을 한다. 물론 두려움도 생기고, 걱정도 산더미다. 미래의 나는 혁신학교 관리자가 될 수 있을까? 아니, 일반 학교를 혁신학교처럼 만들

수는 없을까? 혁신학교의 미래는 무엇일까? 어떤 리더십을 발휘해야 할까?

　나는 아직 이러한 질문들에 대한 답을 찾지 못했다. 그러나 수학 문제처럼 공식에 따라 나오는 정확한 답이 아닌, 새롭고 창의적인 답을 만들어나가며 살고 있다고 믿는다. 수업 혁신을 지나 평가 혁신, 그리고 이제 공간 혁신까지. 학교는 끊임없이 변화하고 있다. 4차 산업혁명의 시대를 맞아 인공지능, 사물인터넷이 우리 일상에 깊숙이 자리를 잡고 있다. 이로 인해 교육에서도 새로운 패러다임이 만들어지고 있다. 한 치 앞을 내다보기 어려울 정도로 빠르게 변화하는 세상이다. 이러한 세상에서 혁신 교육의 중심 가치를 경험하고 그것에 공감하는 동료 교사들과 함께 손잡고 걷는다면, 그 온기에서 전해지는 용기로 시대에 맞는 새로운 혁신을 만들어낼 수 있으리라 믿는다. 비록 헤맬지라도, 옳은 길로 나아갈 수 있으리라 믿는다.

혁신
표류기

이지영

길음중학교

'민주적인 학교란 무엇일까?'라는 의문을 가지고 표류하며 길을 찾아가고 있는 교사이다. 혁신학교에서 교직 생활의 첫발을 디디면서, 학창 시절에 경험했던 학교와는 확연히 다른 수평적인 문화에 놀라고 감동했다. 첫 술에 정답을 찾았다고 생각했지만, 그 이면의 복잡미묘함을 보고 암담함을 느낀 적도 있다. 혁신학교의 사계절을 여섯 번 경험하면서 자율과 권리가 빛을 발하려면 그 안에 규범과 책임이 단단하게 자리 잡고 있어야 한다는 것을 깨달았다. 그렇지만 자율과 규범, 권리와 책임 그 사이 어딘가에서 균형을 잡기가 여전히 쉽지 않게 느껴진다.

학급을 운영할 때도, 동료를 대할 때도, 더불어 내가 담당하는 가정 교과에서도 결국 가장 기본이 되는 것은 사람과의 관계라고 생각한다. 그리고 성숙한 관계를 맺는 열쇠는 민주 의식의 함양이라고 생각하며 나 스스로 그런 사람이 되기 위해, 나아가 학급 운영과 가정 교과에서도 이러한 내용을 녹여내기 위해 오늘도 애쓰고 있다.

나의 첫 학교는 혁신학교였다. 나의 학창 시절에는 혁신학교라는 것이 없었다. 궁금한 마음에 서울시교육청 홈페이지를 뒤져 혁신학교의 정의를 찾아보았다.

> '서울형 혁신학교란, 학생, 교원, 학부모, 지역사회가 서로 소통하고 참여하여 협력하는 교육 문화 공동체로서, 배움과 돌봄의 책임 교육을 실현하고 전인을 추구하는 학교입니다.'

긴 문장을 몇 번이나 읽고 또 읽었다. 정확히 무슨 뜻인지는 모르겠지만 어쨌든 좋은 단어들의 나열이었다. 그 아래에는 혁신학교가 추구하는 학교상도 덧붙여져 있었다.

> '민주주의가 살아 숨 쉬는 학교'

역시 멋진 말이었으나, 구체적인 모습은 그려지지 않았다. 민주주의가 살아 숨 쉬는 학교는 어떤 학교일까? 혁신학교란 대체 어떤 학교지? 교직 생활을 시작하면서 처음으로 가진 질문이었다.

혁신학교의 힘이 무엇인지 묻는다면?

나는 어느덧 6년 차 교사가 되었다. 돌이켜 보면 우여곡절도 많았고, 울고 웃는 날도 많았다. 그러면서 교사로서의 근육도 조금은 생겼고,

처음 가졌던 질문에 대해서도 나름의 답을 찾은 것 같다. 물론 아직도 혁신학교가 어떤 곳인지 내게 묻는다면 명쾌하게 대답하기는 어렵다. '왜 혁신학교인가?'라는 질문도 6년 차 교사가 감당하기에는 벅차다. 그러나 혁신학교를 떠받치는 힘에 대해서는 말할 수 있겠다. 혁신학교를 혁신학교답게 만드는 힘은 구성원들의 '발언권'에서 온다는 것. 생각해 보면 발언권은 지난 6년간 새내기인 나를 주눅 들지 않게 해준 버팀목이기도 했다.

'학교 현장의 여러 상황에서 기꺼이 자신의 목소리를 내고, 동시에 타인의 목소리도 귀 기울여 듣고 존중하는 것. 이를 바탕으로 더 나은 교육, 교육혁신이라는 비전을 향해 함께 나아가는 것.'

나는 학교의 '발언권'에 대해 이렇게 정의를 내려보았다. 그러나 여전히 추상적이고 어려운 주제이다. 그럼에도 용기를 내어 기록해 보고 싶다. 혁신학교를 혁신학교답게 만드는, 소통하고 실천하는 기반으로서의 발언권에 대해서.

1/N 발언권이 빛나는 학교

'토론이 있는' 교직원 회의

나는 신규 교사로 발령받기 전에 일반 학교에서 1년간 근무한 적이 있다. 그 학교의 교직원 회의는 월요일 아침 8시 30분에 시작하여 단 10분 만에 마무리되었다. 정해진 시간이 되면 일제히 교무수첩을 들고 모이고, 그 자리에서 빠르고 정확하게 각 부서의 전달 사항을 주고받으면 그걸로 끝이다. 회의가 끝나기 전에 질문 시간이 있지만, 그 적막을 깨고 발언할 용기를 내기란 결코 쉽지 않다. 그렇게 아무런 질문도 의견도 없이 회의는 끝났다.

그런데 혁신학교의 교직원 회의는 조금 달랐다. 누구에게나 발언권이 주어졌고, 그 권한을 행사하기도 쉽고 자연스러웠다. 일반 학교라면 '학생이니까 당연히 지켜야 할 것'으로 거론조차 못 할 문제들이 자연스럽게 토론의 주제로 올라왔다. 학생들이 직접 디자인한 간절기용 후드집업이 탄생한 것도 그런 결과물이었다.

어느 날, 각 학년부 담임 회의 시간에 사복을 입고 오는 학생들이 많다는 문제가 거론되었다. 논의 끝에 간절기에 입기 적절한 교복이 없다는 결론에 이르렀다. 이 안건을 학년부장이 대표가 되어 전체 교직원 회의 시간에 정식 안건으로 제출했다. 각 부서의 전달 사항을 공유하고, 그 밖에 더 논의할 사항을 이야기하는 순서에서였다.

"간절기에 사복을 입는 학생들이 너무 많아요. 학년부에서 나름 일관된 규칙으로 사복 입는 학생을 지도하고는 있는데요. 학생들 이야기를 들어보니 요즘 같은 때에 입을 만한 교복이 마땅히 없더라고요."

다른 학년의 담임들도 고개를 끄덕였다. 그렇게 자연스럽게 '토론이 있는' 교직원 회의가 시작되었다.

"요즘은 교복을 많이들 없애는 추세던데, 우리 학교도 이참에 교복을 없애는 건 어떨까요?"

"그렇게 하면 오히려 학생들 간의 경제적 격차가 두드러져 보일 수도 있어요."

"그럼 간절기에는 회색, 검은색, 흰색 등의 무채색 외투를 허용해 주는 건 어떨까요?"

"브랜드 로고가 큰 옷도 무채색이면 허용해 줘야 할까요?"

"간절기라는 기준은 어떻게 하지요?"

"그러고 보니 기준을 세우는 일이 생각보다 까다로울 수 있겠네요. 어떻게 해야 우리 아이들이 편하게 학교에 다닐 수 있을까요?"

논의 끝에 우리는 몇 가지 대안을 추려 투표를 진행했다. 최종적으로 '간절기 때 입을 학교 후드집업을 제작하자.'라는 의견이 채택되었다. 그때 한 선생님이 이런 제안을 했다.

"기왕 이렇게 된 거, 아이들에게 직접 후드집업 디자인을 맡기는 건 어떨까요? 공모전을 통해서 디자인을 정해도 좋을 것 같아요."

이 제안에 논의는 한발 더 나아갔고, 많은 교사들이 이 의견에 동의했다. 이후 결의에 따라 주관 부서에서 교복 디자인 공모전을 진행했다. 나를 포함한 몇몇 교사들은 디자인을 전공하지도 않은 중학생들에게 교복 디자인을 맡기는 것을 불안해했지만, 그 불안이 무색하게 학생들은 솜씨를 발휘하여 다양한 시안을 내놓고 전교생 투표를 거쳐 디자인을 확정 지었다.

결과적으로 학교 로고가 박힌 제법 근사한 후드집업이 탄생하게 되었다. 과정에 충실해지자, 새로운 교복에 대한 학생들의 관심도도 높아져 높은 구매율로 이어졌다. 이런 과정을 거쳐 아이들은 언제든 편하게 입을 수 있는 교복을 하나 더 갖게 되었다.

이는 교사들이 학생들의 불편 사항에 민감하게 반응하고, 교육적으로 최선의 방법이 무엇일지 함께 고민했기 때문에 도달할 수 있었던 성취였다. 중요한 것은 그 배경에 민주적인 숙의 문화가 있었다는 점이다. 민주적 절차는 시간이 오래 걸린다. 하지만 그만큼 더 다양한 의견을 수렴할 수 있고, 다각적인 시선으로 문제를 바라볼 수 있다. 물론 함께 논의했다고 결과가 항상 정답이 되는 것은 아니다. 그렇지만 정답이 아니어도 상관없다. 변수에 대해서도 다시금 머리를 맞대고 방법을 찾으면 되기 때문이다. 관건은 구성원의 1/N 발언권이 살아있느냐 여부이다. 1/N 발언권이 빛나니 우리의 교육 현장에도 변화의 씨앗이 움텄다.

펭귄의 공동육아

내가 2학년 담임을 맡았을 때의 일이다. 그해에는 학생 지도가 유난히 힘들었다. 각 반에 포진한 몇몇 학생들이 기물 파손, 절도 등의 사건을 일으키는 것은 물론이고 수업 분위기마저 좌지우지했다. 쉬는 시간이나 방과 후에 담임들이 성심껏 개별 상담하고, 큰 사안이 터졌을 때는 보다 엄격한 지도를 위해 학교생활교육위원회도 개최했다. 그러나 학생들의 행동은 쉽게 변하지 않았다. 한 번이라도 이런 상황에 부딪혀본 담임이라면 이해할 것이다. 계속되는 지도에도 문제 행동이 반복되면 교사도 사람이기에 폭발하거나 포기하게 된다는 것을 말이다. 당시에 같은 학년부 동료 담임교사들이 없었더라면 나 또한 그렇게 됐을 것이다.

내가 있는 학교는 실질적인 학년부 체제로 구성되어 있어서 동일 학년 담임 모두가 한 교무실을 사용한다. 또한 담임들 간의 논의가 활발하게 이루어질 수 있도록 매주 한 시간의 학년부 회의 시간이 보장되어 있다. 더불어 담임이 교육의 본질에 가까운 학생 지도 및 수업에 전

념할 수 있도록 담임의 행정 업무를 최대한 덜어놓았다. 이러한 시스템 덕분일까? 이 학교의 담임교사들은 각 반을 담당한다기보다는 학년 전체를 함께 맡고 있는 듯한 느낌이다. 또한 행정 업무가 줄어들어 생긴 담임교사의 여백에는 생활교육에 대한 책임감이 깃든다.

화요일 2교시가 되면 우리 학년부 담임교사들은 바쁘게 처리하던 업무를 내려놓고, 언제나처럼 회의 테이블로 모인다. 이때는 한 명도 빠짐없이 회의에 참여할 수 있도록 학교 차원에서 담임교사들의 수업을 조정해 준 시간이다. 둘러앉은 자리에서 학년부 학사 운영에 대한 공유가 이루어지고 나면 자연스레 학생 지도에 대한 이야기가 오간다.

"2반 신유하(가명) 학생, 다른 교과 시간에는 어떤가요? 제 수업 시간에는 태도가 너무 들쑥날쑥해요. 어느 날은 모둠활동 분위기를 주도하면서 열심히 참여하다가 또 어느 날은 수업과 관련 없는 질문만 골라하면서 훼방을 놓기도 해요.

"담임인 저도 그 학생을 어떻게 대해야 할지 모르겠어요. 학기 초에는 수업 시간에 떠드는 아이가 있으면 그 학생이 나서서 그러지 말라고 하기도 했는데요. 요즘은 오히려 학급 분위기를 안 좋은 방향으로 주도해요. 이런 태도에 대해 제가 엄격하게 지도하면 본인만 미워한다고 억울해하더라고요."

"다행히 제 수업 시간에는 수업 태도가 나쁘지 않은 편이에요. 제가 이 학생을 유심히 지켜보니까, 인정욕구가 굉장히 강한 것 같더라고요. 본인도 잘해보려고 하다가 안 되겠다 싶으면 그런 모습을 보이는 것 같아요. 그래서 제 수업 시간에는 조금이라도 잘한 점이 있으면 칭찬을 많이 해주고 있는데요. 이게 효과가 있는 건가 싶기도 하네요."

이렇게 한 교사의 고민으로부터 시작된 논의는 학생에 대한 입체적 이해로 이어진다. 그 학생이 각 교과 시간에 어떤 모습을 보이는지, 왜 그런 모습을 보이는 것 같은지, 가정에서는 어떤 모습을 보이는지 등. 학생을 올바른 방향으로 지도하고자 하는 간절한 마음들이 모여 더 깊은 이해로 나아간다.

그해 우리가 찾은 해결책은 작은 성취라도 이전보다 나아진 점이 있다면 이를 알아봐 주고 인정해 줄 수 있는 시스템을 만들자는 것이었다. 학교에서 공개적으로 인정받거나 상을 받는 학생들은 생활 태도가 성실하고 모범적이지만, 그렇지 않은 학생도 인정욕구를 가지고 있다. 그래서 모범적이지 않은 학생도 이전보다 성장한 부분이 있다면 이를 인정하고 적극적으로 칭찬해 주기로 한 것이다.

어떻게 하면 그런 시스템을 만들 수 있을지 머리를 맞댄 끝에 우리는 상을 하나 만들기로 했다. 이 상은 기존의 상과는 다르게 학생들을 서로 비교하여 수상자를 정하는 것이 아니라 개개인을 관찰하여 유의미한 성장을 이룬 학생을 수상자로 선택한다. 수상자 선정에 있어 객관성과 타당성을 확보하기 위해 모든 교사가 학생들의 평소 생활을 섬세하게 관찰 및 기록하기로 했다. 그리고 이를 근거로 담임 논의 과정을 거쳐 각 반마다 매달 2~3명의 수상자를 정하기로 했다.

운영 방식이 구체적으로 세워지자 한 교사가 자진해서 기안문을 올리겠다고 했다. 그러자 다른 교사가 이왕이면 상품도 함께 주면 좋을 것 같다며 품의를 올리겠다고 했고, 또 다른 교사는 상장 디자인과 이를 각 가정에 안내할 가정통신문을 만들겠다고 했다. 그렇게 우리가 함께 준비한, 학생들을 칭찬하기 위한 상이 운영되기 시작했다.

상장 생김새는 꽤 그럴듯하지만 사실 이 상은 공식적인 상이 아니다. 학생들도 이를 잘 알고 있었지만, 그럼에도 크게 기뻐했다. 그리고 천천히, 아주 조금씩 변화하기 시작했다. 기분에 따라 둘쑥날쑥한 참여도를 보이던 학생이 전보다 조금 더 진중한 태도로 수업에 임하고, 종이 치고 한참이 지나서야 엉금엉금 교실로 들어오던 학생이 서둘러 자리에 앉으려 했다. 기존의 지도 방식이었다면 학생들의 잘못을 누가 기록하여 학교생활교육위원회에 회부한 뒤 처벌하는 순서를 따랐겠지만, 이러한 방법으로는 도통 변화하지 않는 학생들을 지도하기 위해 담임교사들이 힘을 합친 결과였다.

물론 질풍노도의 시기를 보내는 학생들이 이와 같은 지도를 몇 개월 경험했다고 해서 완전히 달라지지는 않았다. 그해가 끝날 때까지 우리 학년부는 크고 작은 사안들로 내내 시끌벅적했다. 하지만 각자도생했다면 폭발 끝에 포기해 버렸을 우리 아이들을, 동료들과 함께였기에 끝까지 품을 수 있었다. 그만큼 우리는 서로를 신뢰하고, 타인의 고민에 진심으로 귀를 기울였다. 그리고 이 관계의 바탕에는 혁신학교의 체제가 든든하게 자리 잡고 있었다.

언젠가 펭귄들의 공동육아에 대한 글을 읽은 적이 있다. 무리를 지어 동그랗게 서서 새끼 펭귄을 둘러싸고 있는 모습을 보면 그때의 학년부 동료 교사들이 떠오른다. 학년부 체제라는 울타리 안에서, 학급의 사안을 그 반 담임교사의 책임으로만 치부하지 않고 '내 일'이 아닐 수도 있는 '우리의 일'에 대해 발언해 주는 동료들이 있었기에 나도, 그리고 우리 학생들도 한때의 성장통을 이겨 낼 수 있었다.

학급 공동체 활동 속 발언권

봄을 지나 더운 여름으로 접어들던 어느 날. 우리 반 학생들이 기대감에 가득 찬 눈빛으로 내게 물었다.

"다른 반은 방과 후에 공동체 활동을 한다는데, 우리는 언제 해요?"

실은 나에게도 그에 대한 로망이 있었다. 담임을 맡으면 '나의' 반 학생들과 방과 후에 게임도 하고 맛있는 것도 먹으며 우리만의 특별한 시간을 보내고 싶었다. 지금 돌이켜 보면 인기 있는 담임이 되고도 싶었던 것 같다. 그래서 호탕한 선생님인 양 덜컥 "그래, 우리도 하자!"라고 외쳤다.

그런데 막상 행사를 진행하려 하니 부담감이 엄습했다. '대체 어떤 프로그램을 짜주어야 우리 반 아이들이 만족할까?'라는 걱정이 머릿속을 가득 채웠다. 하지만 얼마 지나지 않아 나의 고민이 완전히 쓸모없었다는 것을 깨달았다. 나보다 먼저 공동체 활동을 진행하기로 한 동료 담임교사가 너무나 평온하게 프로그램 진행 계획을 학생들에게 맡기는 것이다. 그러자 학생들은 쉬는 시간과 점심시간을 쪼개 치열한 학급 회의를 거쳐 계획안을 마련했고, 담임교사의 피드백을 거쳐 최종안을 만들었다.

'아니, 이런 수월한 방법이! 괜히 혼자 고생했네.'라는 생각이 들었다. 그렇지만 막상 따라 하려니 머뭇거리게 됐다. 서른 명이 넘는 학생들을 데리고 공동체 활동을 진행하는데, 모쪼록 안전하게 마치고 싶었다. 그런데 학생들에게 계획을 맡기면 내가 통제하지 못할 변수들이 출몰할 것 같았다. 내가 꼭 쥐고 있던 결정권을 학생들과 나누는 것이 두려웠다.

하지만 도전해 보기로 했다. 학급 회의를 통해 어떤 프로그램을 진행할지, 식사는 어떻게 해결할지, 뒷정리는 누가 무엇을 맡을지 정하기로 했다. 아니나 다를까, 한 학생이 공포 체험을 하자고 제안했다. 늦은 시간까지 학교에 남아있을 수 있으니, 학교 곳곳에 귀신 분장을 하고 숨어 친구들을 놀라게 하자는 것이다. 기대감에 술렁이는 학생들을 보며 가슴이 철렁했다. 공포 체험은 상대를 놀라게 하는 게 목적이기 때문에 아무래도 사고의 위험성이 크다.

그때 한 학생이 손을 들었다.

"공포 체험은 잘못하다가는 다른 친구들을 너무 놀라게 만들어서 다치게 할 수도 있을 것 같아. 그리고 밤늦은 시간에 너무 크게 소리를 지르면 학교 옆 아파트 주민들이 불편하지는 않을까?"

또래 친구의 의견이었기 때문일까. 만약 내가 그 활동은 안 된다고 얘기했다면 쉽게 납득하지 않았을 아이들이 순순히 고개를 끄덕였다.

"그래, 그건 아닌 거 같아. 근데 우리가 캄캄한 학교를 구경할 기회는 좀처럼 없잖아. 공포 체험 대신 코스를 짜서 모둠별로 학교를 돌아보는 건 어떨까?"

처음에는 자신의 욕구만 외치던 학생들이 점차 진지해졌다. '나'만 생각하던 아이들이 같은 반 친구들을, 이웃을 생각하기 시작했다. 그렇게 완성된 계획표를 바탕으로 부모님께 드릴 가정통신문도 직접 만들게 했다. 학생들의 표정에는 책임감이 역력했다.

공동체 활동 당일, 작은 물품 하나까지도 자신이 맡은 것이라면 잊지 않고 챙겨온 아이들을 보며, 그리고 교사의 잔소리 없이도 뒷정리까지 도맡아 하는 모습을 보며 생각했다. 통제하지 못할 것이 두려워 나 혼자 결정권을 꼭 쥐고 있었다면, 교사가 진두지휘하는 활동이었다면 이토록 책임감 넘치는 공동체 활동을 만들 수 있었을까? 의미 있는 교육으로서의 공동체 활동이 이루어질 수 있었을까? 나의 발언권과 결정권을 학생들과 나누니 또 다른 배움이 꽃피었다.

수업 시간에 나누는 발언권

이 학교에서의 첫 수업 날, 옆자리에 앉은 선생님이 내게 말했다.

"설명하기 복잡한데, 모둠 대형으로 바꾸라고 하면 애들이 알아서 잘 바꿀 거예요."

그 말에 반신반의하며 학생들에게 모둠 대형으로 바꿔보라고 했다. 나의 우려가 무색하게 학생들은 절도 있는 동작으로 순식간에 모둠 대형을 만들었다.

시간이 한참 지나고 나서야 나는 이 모둠 대형을 위해 교사들이 몇 날 며칠을 고민했다는 이야기를 들었다. 우리 학교는 혁신학교이지만 과밀 학교이다. 그래서 한 학급당 32명 이상의 학생들이 배정되어 있다. 이 학교의 ㄷ자 책상 구도는 이렇게 과밀한 학급에서 효과적인 모둠활동 수업을 구현하기 위해 교사들이 고민하고 회의하여 만든 시스템이라고 했다.

이러한 사연을 들으니 새로운 부담감이 생겼다. '혁신학교 선생님들은 모둠활동을 이렇게나 중시하시는구나. 나도 내 수업에 모둠활동을 많이 넣어야겠다.' 그런데 얼마 지나지 않아 다른 문제에 봉착했다. 수업은 45분으로 제한되어 있는데, 이 안에 설명도 해야 하고 활동할 시간도 주어야 하니 시간이 너무 촉박했다. 시수가 많은 교과라면 상황이 다를 수 있겠지만 가정 교과는 일주일에 두 시수가 최대이다. 이 속도로는 정해진 진도를 모두 나갈 수 없을 것 같았다. 그렇게 혼자 몇 달을 고군분투하다가 조심스럽게 다른 선생님께 고민을 털어놓았다.

"선생님, 수업 시간에 설명도 하고 모둠활동도 하려니 너무 시간이 촉박해요. 자꾸 이런 상황이 반복되니까 모둠활동이 형식적으로만 이루어지는 것 같아요. 이런 식의 활동이 의미가 있을까요?"

나의 고민을 들은 선생님은 이렇게 말씀하셨다.

"교사들이 흔히 하는 착각이 있어요. 중요한 내용을 반드시 교사의 입으로 한 번은 언급해야 학생들이 기억할 것이라는 생각이죠. 그렇지만 교사의 강의식 설명이 15분을 넘어가면 학생들의 눈빛은 흐릿해져요. 하지만 학생들이 스스로 생각해서 한마디라도 본인 입으로 내뱉는다면 그 기억은 평생 갈지도 모르죠."

얼굴이 화끈거렸다. 그 착각을 하는 교사가 바로 나였기 때문이다. 교육학 전공서의 구성주의 학습이론을 공부하며 학생들을 지식 수용자가 아닌 능동적 지식 구성자로 바라보아야 한다는 문장에 그렇게나 공감했던 예비 교사는 어딘가로 사라지고, 움켜쥔 마이크를 놓지 않으려고 버둥거리는 나만 남아있었다. 그리고 이 모습의 기저에는 학생의 능력을 불신하는 마음이 있었다. 수업 운영자의 마음이 이러니 강의식 설명은 좀처럼 줄어들 수 없었고, 그 틈에 모둠활동을 억지로 끼워 넣다보니 구색 맞추기식 활동만 전개된 것이다.

그 후 나름의 철칙이 생겼다. 단원을 재구성하는 등의 방법을 총동원하여 설명이 꼭 필요한 부분을 추릴 것. 교사의 설명은 최대 20분을 넘기지 말 것. 생각할 거리가 있는 모둠활동을 구상할 것. 그리고 마이크를 학생에게 넘길 것.

최근 일, 가정 양립 단원에서 《돼지책》이라는 그림책을 활용하여 하부르타(짝을 지어 질문을 주고받으면서 학습한 내용에 대해 논쟁하는 토론교육법) 수업을 진행했다.

"《돼지책》의 결말이 '엄마도 행복했습니다.'라는 문장으로 끝나지 않은 이유는 언제든 상황이 다시 예전으로 돌아갈 수도 있음을 암시하기 위함인 것 같아."

"마지막 페이지에서 엄마가 수리하고 있는 자동차의 번호판을 거꾸로 읽으면 '123pigs'야. 그러니까 자동차는 아빠와 두 아들을 상징하는 거 아닐까? 결국 이 장면은 엄마가 나머지 구성원들을 바로잡고 있는 모습을 표현한 것 같아."

이는 강의식 수업에서는 그다지 두각을 드러내지 않던 학생이 모둠 활동 중 이야기한 내용이다. 이처럼 교사도 미처 발견하지 못한 점을 학생이 알아봐 준다. 교사의 목소리로 호소할 때는 귀를 기울이지 않던 학생이 옆자리 친구가 말할 땐 귀를 '쫑긋' 한다.

이제 나는 수업을 구상할 때면 어김없이 스멀스멀 올라오는 불안감을 직면하고 이렇게 되새김질한다. '배움의 주체를 믿어보자. 나의 발언권을 학생들과 나누자.' 오랜 시간을 거쳐 학생의 입을 통과해 나온 투박한 한 문장이, 교사의 입을 통과한 매끄러운 열 문장보다 가치 있을 수 있다는 말을 이제 조금은 이해할 것 같다.

이른 결론

혁신학교에서 긍정적인 생각의 변화를 겪으며 나는 첫술에 '혁신학교란 무엇일까? 민주적인 학교란 어떤 모습일까?'라는 질문의 답을 찾았다고 생각했다.

　그러나 시간이 조금 더 흐르고, 그 이면의 복잡미묘함이 보이기 시작할 때쯤 나는 깨달았다. 내가 목적지에 도달했다고 '착각'했다는 것을 말이다. 혁신이란, 민주성이란 그렇게 간단히 도달할 수 있는 것이 아니었다. 그렇게 나는 처음보다 한층 더 넓어진, 혁신학교라는 망망대해를 표류하기 시작했다.

내겐 너무 어려운 1/N 발언권

붕어가 되긴 싫어

민주성에 있어 1/N 발언권은 반짝이는 본질처럼 느껴진다. 하지만 그 발언권의 빛은 한순간 퇴색하기도 한다. 바로 발언권의 의미가 사라지는 순간이다. 공들여 1/N로 나눈 발언권이지만, 이를 어떻게 활용하느냐에 따라 그 결과는 천지 차이가 된다.

　혁신학교라고 해서 항상 이상적인 회의만 진행한 것은 아니었다. '토론이 있는' 교직원 회의라는 명칭을 책임지기 위함이었을까. 교직원 회의 시간이 되면 교사들이 도서실에 모둠 대형으로 둘러앉았다. 테이블 위에는 흰 전지와 접착 메모지가 놓여있다. 회의 시간마다 토의해야 할 주제가 있기 때문이다. 예를 들면, 학생들의 인성교육 방안이라든지 사이버폭력 예방법 등이 토론의 주제가 된다. 처음에는 주어진 회의 시간이 부족하게 느껴질 정도로 열과 성을 다해 논의했다. 모둠별로 모여 앉은 교사들이 의미 있는 교육 현장을 만들기 위해 머리를 맞댔고, 아이디어를 적어 전지에 붙이고 공유했다. 회의가 끝나면 도서실 벽에 완성된 전지를 가지런히 붙였다.

또 다음 회의 시간이 되었다. 수업을 끝내고 종례와 청소 지도를 마친 교사들이 바쁜 시간을 쪼개 허겁지겁 모였고, 이전과 비슷한 과정이 반복되었다. 도서실 한쪽 벽에는 또 하나의 전지가 추가된다. 그런데 아이러니하게도 회의 결과를 현장에 반영하는 과정은 없었다. 비슷한 회의가 계속 되풀이되는 것이다. 처음에는 뜨거운 열정으로 아이디어를 내고 의견을 말하던 교사들이 점차 말을 잃어갔다. 회의 시간은 눈에 띄게 짧아지고, 도서실 한쪽 벽에는 또 하나의 전지가 더해졌다.

무엇이 문제였을까? 좋은 의도들이 모여 토론이 있는 교직원 회의를 만들었지만, 교사들은 알고 있었다. 무의미한 토론이 반복되고 있다는 것을 말이다. 형식은 갖추었지만, 의미가 퇴색된 회의를 반복하자 교사들은 붕어처럼 뻐끔거리기 시작했다. 자연스레 교사들의 마음 한편에는 무력감이 자라고 있었다.

물론 아래로부터 상정된 안건이 아니라, 위로부터 주어진 안건이라는 점에서 후드집업 교복 제작 같은 회의와는 차이가 있다. 하지만 그뿐만은 아니다. 인성교육 방안과 사이버폭력 예방법도 학교 현장에서 중요하게 다뤄야 할 주제들이기 때문이다. 만약 토론을 통해 도출된 안 중에서 사소한 무언가라도 실제 교육 현장에 반영되었다면 조금은 달라지지 않았을까. 발언권을 나눴다고 해서 곧바로 민주적인 학교가 되는 것은 아니었다. 1/N의 발언권이 의미를 지니려면 구성원의 공감과 합의를 통해 도출된 안이 현실에 반영되는 과정이 동반되어야 한다. 그래야 교사들도 유의미한 논의를 지속할 동력을 얻는다.

나는 이때의 경험을 교훈 삼아 교사로서 조금 더 성장했다. 학급을 운영할 때도, 수업을 진행할 때도 의미 없는 토의를 반복하는 상황을 만들지 않기 위해 주의한다. 학급 회의를 통해 도출된 결론은 작은 것이라도 학급 운영에 반영하려 애쓴다. 만약 반영하기 어려운 안이라면 그 이유를 꼭 설명한다. 담임이 이를 반영하기 위해 어떤 노력을 기울였는지, 그럼에도 왜 반영하기 어려웠는지 말이다. 공들여 나눈 1/N 발언권의 빛이 퇴색되지 않기를 바라기 때문이다.

발언권 = 불만 표출권?

내가 3학년 담임을 맡았을 때의 일이다. 우리 학교는 1~2학년 때는 수련회를 가지만 3학년이 되면 수학여행을 간다. 여기까지는 다른 학교들과 별반 차이가 없겠지만, 한 가지 큰 차이점이 있다. 수학여행을 각 반이 독립적으로 기획하여 각기 다른 장소로 다녀온다는 점이다.

그래도 다행히 신규 2년 차에 3학년 담임을 맡은 터라 호기롭게 학생들에게 선포했다. 이제 3학년이 되었으니 우리는 학급 회의를 통해 수학여행 목적지도 정하고, 도착해서 무슨 활동을 할지도 정할 거라고. 숙소를 비롯해 매 끼니를 해결할 식당도 정해야 하므로 학급 공동체 활동과는 차원이 다른 문제였지만, 어렴풋한 자신감으로 수학여행 추진 위원회를 꾸렸다. 논의에 참고할 수 있도록 작년 학생들이 세웠던 다양한 계획들도 제공했다.

그런데 이게 웬일인가. 문제없이 진행될 거라고 철석같이 믿고 있던 나에게, 위원회 학생들이 찾아와 그만두고 싶다는 이야기를 했다. 심장이 철렁 내려앉아 이유를 물으니 힘겹게 말문을 열었다.

"애들이 다 싫대요. 이건 이래서 싫고, 저건 저래서 싫고. 처음에는 더 좋은 대안을 찾아가면 해결될 문제라고 생각했는데, 계속 똑같아요. 그렇다고 그 애들이 본인이 원하는 걸 찾아오는 것도 아니에요. 어떤 걸 하고 싶다고 정확하게 말하지도 않아요."

3학년 아이들은 1~2학년 동안 여러 학급 회의를 거쳐 왔으므로 자율적 의사결정 과정에 익숙해져 있으리라 생각했는데, 그게 아니었다. 힘들어하는 위원회 학생에게 나도 조처해 보겠다고 말하고는, 아무 이야기도 못 들은 척 자연스럽게 교실로 들어갔다. 교실에서는 수학여행 장소에 대한 열띤 토론이 계속되고 있었다.

"지난번에 전주는 너무 멀다는 의견이 나와서, 이번에는 강원도랑 경기도에서 갈만한 곳을 찾아봤어."

"강원도는 맛있는 음식은 많은데 구경할 만한 곳은 별로 없잖아."

"경기도는 너무 가깝지 않나? 수학여행인데 경기도는 좀 시시하지."

회의가 진행되는 모습을 보니 위원회 학생들이 왜 힘들어하는지 이해할 수 있었다. 나는 회의를 멈추고 차분히 이야기했다.

"선생님이 일괄적으로 수학여행 계획을 세울 수도 있지만, 이렇게 학급 회의를 거치는 이유는 무엇일까? 우리 모두에게 발언권이 있는 만큼 그에 따른 책임도 져야 해. 어떤 의견에 대해 반대하고 싶다면 대안도 함께 제시해야 한단다. 그렇지 않으면 결국 불만만 이야기하는 꼴이 돼. 대안 없이 불만만 계속되면 결국 모두가 힘들어진단다."

순간 숙연한 분위기가 흘렀지만, 계속해서 차분하게 이유를 설명하니 학생들은 고개를 끄덕였다. 다시 학급 회의를 시작하자 불만을 표현하던 학생들이 자진해서 다른 장소를 찾아보겠다고 이야기했다. 여러 차례의 좌충우돌 회의 끝에 비록 투박하지만 우리의, 우리에 의한, 우리를 위한 계획을 완성할 수 있었다. 애써 고른 식당의 음식이 실망스럽기도 했고, 비장의 카드로 준비한 거짓말탐지기가 레크리에이션 시간에 갑작스레 작동을 멈추기도 했다. 그런데 의외의 반응이 이어졌다. 비슷한 상황에서 툴툴거리거나 남 탓을 하기 바빴던 학생들이 '아, 이건 생각 못 했네.', '그래도 이건 재밌다!' 등의 반응을 보인 것이다. 아마도 모두 함께 만든 수학여행이었기 때문이리라.

학급 자치활동을 하다 보면 소수의 헌신적인 학생과 다수의 불만쟁이들이 만나는 경우를 종종 목격하게 된다. 감사하게도 이제 나에게는 이런 상황을 감지할 수 있는 눈이 생겼다. 발언권이 불만 표출권으로 변질될 위험에 처했을 때, 나는 차분히 설명한다. 자신의 발언권을 불만 표출의 창구로만 활용할 때, 책임지는 과정 없이 권리만 행사하려고 할 때 1/N 발언권은 빛을 잃는다는 것을 말이다.

평화롭지만은 않은 1/N 발언권

언뜻 생각했을 때 1/N 발언권이 보장된다고 하면 민주성이 꽃피는 평화로운 장면이 떠오를지 모르겠다. 하지만 혁신학교에 몸을 푹 담그고 여러 계절을 겪어보니, 그건 나의 환상이었다는 것을 깨달았다. 오히려 반대다. 각자의 발언권이 손중되기에 그만큼 충돌도 많고 갈등도 많다. 발언권이 없었다면 수면 위로 올라오지도 못했을 갈등이 발언권의 보장으로 고개를 빼꼼 내민다.

내가 1학년 담임을 할 때의 일이다. 그해에는 유난히 학생들이 활기차서 쉬는 시간만 되면 교무실로 찾아와 재잘댔다. 처음에는 교사와 가볍게 일상 이야기도 하고, 간식도 주고받는 평화로운 장면이 펼쳐졌다. 하지만 이 평화도 잠시, 어느새 교무실은 학생들로 인산인해를 이루었다. 몇몇 학생은 바퀴 달린 의자를 타고 교무실을 누비기도 했다.

이에 점차 피로감을 느끼는 교사들이 생겨났다. 결국 이 문제는 학년부 회의의 안건이 되었고, 교사들의 의견은 학생들의 교무실 출입을 자유롭게 허용해야 한다는 기존의 입장과 교무실 출입을 더 엄격히 해야 한다는 입장으로 나뉘었다.

교무실 출입을 자유롭게 허용해야 한다는 측은 학생들이 하는 이야기 속에서 아이들을 파악할 단서를 발견할 수 있다고 했다. 또 교무실 문턱이 높을수록 교사와 학생 간 거리는 멀어질 수밖에 없다는 의견도 덧붙였다.

교무실 출입을 엄격히 해야 한다는 측은 아무리 교사와 학생 간 거리가 가까운 것이 바람직하다고 해도 학생들이 기본적으로 지켜야 할 것이 지켜지지 않고 있다고 했다. 공동 공간을 사용하는 예절, 타인을 배려하는 태도 등도 학생들이 익혀야 할 중요한 가치라는 의견도 있었다.

긴 회의가 계속되었지만, 양측은 쉽게 좁혀지지 않았다. 그러다 점점 회의는 그동안 마음속에 담아두었던 문제의식들을 표출하는 장이 되어갔다. 당시 1년 차 신규 교사였던 나는 이러한 날 선 회의 분위기가 힘들었다. 마음속 한편에는 괜히 이런 회의를 해서 갈등을 더 심화시키는 것이 아닌가 생각했다.

그러나 한편으로는 '학생들을 공동 지도하려는 마음이 없었다면 애초에 이런 논의 자체가 생기지 않았겠지? 새로운 시각 없이 교무실 출입을 통제하는 것을 당연히 여겼다면, 이런 갈등을 마주할 일도 없지 않았을까?' 하는 생각도 들었다. 겉보기에는 양측의 교사가 의견을 달리하는 것처럼 보이지만, 그 내면을 잘 들여다보면 궁극적인 지향점은 같다. 학생들이 바른 인성을 지닌, 건강하고 민주적인 성인으로 자랄 수 있게 돕고자 하는 마음. 한마디로 '학생을 위하는 마음'이다.

권리와 책임, 자율성과 규범 사이에서 균형을 잡기란 참 어려운 일이다. 그렇지만 교사들은 우리 아이들이 그렇게 할 수 있는 성인으로 성장하기를 희망한다. 학생들이 누려야 할 것과 지켜야 할 것에 대한 교사 간의 해석 차이로 갈등이 있지만, 그것은 선과 악의 대립이 아닌 아이들을 위하는 같은 마음에서 비롯된 치열한 고민의 증거이다.

결국 우리는 학생들의 교무실 출입을 자유롭게 허용하되, 도를 넘는 행동을 보이면 지도하기로 합의했다. 그리고 공동의 목소리로 이를 시행했다. 1/N 발언권으로 인한 갈등이 당장은 피곤하고 힘들 수 있다. 하지만 이 갈등도 열의가 있어야 가능하다는 것을, 그 갈등 끝에 새로운 가능성이 열린다는 것을 이제 나는 알 것 같다.

기다림의 민주성

이 학교에 발령받아 어느덧 6년이라는 시간이 흘렀다. 1년 차 신규 교사였을 때 옆자리에 앉은 3년 차 선생님을 바라보며 '나는 언제 저렇게 능숙해질까?', '나도 빨리 저 정도 연차의 경력 교사가 되고 싶다.'라고 생각했다. 그때는 3년 차 정도만 되면 수업도, 학급 운영도, 행정 업무도 숙달할 수 있다고 생각했나 보다. 지금은 그보다 곡절의 경력을 얻게 되었지만, 아직 목적지에 도달하지는 못한 것 같다. 다만 지금 내가 표류하고 있는 이 길이, 목적지 없이 둥둥 떠다니고만 있는 것은 아니라는 확신이 생겼다.

지난 6년을 돌아보면 길을 잃은 듯한 막막함에 울음이 나던 때도 있었다. 그렇지만 웃음이 나는 날이 훨씬 많았다. 모든 일에는 밝은 면도, 어두운 면도 있기 마련이다. 혁신 교육도 마찬가지이다. 힘들겠지만 혁신 교육이 지닌 빛과 그림자를 모두 경험해 봐야 한다. 그리하여 그 그림자까지 감내하고 보완할 수 있을 때, 우리는 한 단계 더 도약할 것이다. 우리에게 필요한 것은, 더 나은 교육을 위해 구성원들의 집단 지성을 동력 삼아 멈추지 않고 나아가려는 자세이다. 마치 떨림이 있는 나침반처럼 말이다.

생각해 보면 우리가 이렇게 발언권을 나눠 갖기까지는 오랜 시간이 걸렸다. 1/N 발언권이 지닌 어두운 면 때문에 포기하고 싶었던 순간도 있었다. 그러나 거기서 포기했다면 그동안의 치열한 노력이 모두 수포로 돌아갔을 것이다. 언젠가 '한바탕 울고 나면 먼 길 나아갈 수 있다.'라는 시 구절을 읽은 적이 있다. 이처럼 앞으로 나는 교육 주체들이 가치를 공유하는 과정에서 생기는 갈등을 성장통으로 여기려 한다. 그렇게 조금 더 의연한 태도를 지닐 것을 나 자신에게 다짐한다. 아파도 멈추지 않고 나아갈 때, 각 학교의 실정과 여건에 맞는 혁신 시스템의 공고화가 이루어질 수 있다고 생각한다. 그리하여 교육 주체들이 진정으로 1/N 발언권을 공유할 수 있을 때 혁신의 민주성이 꽃피지 않을까? 그렇게 되기끼지 비록 오랜 시간이 걸리겠지만, 오래 공들인 만큼 견고한 혁신 교육이 이루어질 수 있을 것이다. 기다림의 민주성이 필요한 지점이다.

함께 가면 멀리 간다

민주성과 혁신 교육이라는 목적지에 도달하는 험난한 과정 중에 우리에게 주어진 선물이 있다면, 함께 걷는 동료가 아닐까? 내가 1년 차 신규 교사였을 때, 혁신 교육이 무엇인지 느끼게 해주신 선생님이 한 말씀이 있다.

"혼자 가면 빨리 가지만, 함께 가면 멀리 가요."

교직에 들어설 때까지만 해도 교사는 독립적인 일을 한다고 생각했는데, 이제는 생각이 바뀌었다. 학교 현장에서 일어나는 다양한 일들을 독립적으로 해결하기에는 나의 역량이 너무나도 부족하다. 이때 도움의 손길을 요청하면 내 손을 잡아주는 동료가 항상 곁에 있다. 학생지도 방법에 대해 의문이 들 때면 동료 교사들과 수시로 토의하고 서로의 가치관을 공유한다. 의견이 다를 때도 있지만, 크게 문제가 되지는 않는다. 한바탕 성장통을 겪고 다 같이 성숙한 덕분이다.

수업 연구를 할 때도 마찬가지이나. 예전에는 내가 담당한 가정 수업만을 준비하기에도 급급했지만, 조금 여유가 생기니 다른 교과에도 눈길이 갔다. 다른 교과의 교사들과 이야기를 나누다 보면 '가정 교과가 다루는 부분은 빙산의 일각이었구나. 빙산의 다른 일각은 이 교과에서 다루고 있었구나.'라는 생각이 들었다. 여러 교과가 함께 머리를 맞대어 수업을 꾸리면 학생들의 삶에 더 영향력 있는 수업을 만들 수 있을 것 같다는 욕심이 났다. 그래서 나는 지금 마음이 맞는 과학, 국어, 가정과 동료 교사들과 함께 환경부에서 진행하는 '환경 수업 교사 동아리'를 구성하고 프로젝트 수업을 진행하고 있다. 예전에는 혼자 표류했지만, 이제는 함께 표류할 동료가 생겼다. 자율과 규범, 권리와 책임 그 어딘가에서 균형을 맞춰가며 우리는 목적지를 향해 조금씩 나아가고 있다.

새내기 과학 교사, 혁신학교를 만나다

황보연

길음중학교

'학교 과학교육이 학생에게 무엇을 남겨야 할까?'라는 질문을 품은 채 자라나고 있는 교사. 교사로서 첫 5년간의 시기를 혁신학교에서 보내면서 학창 시절에 경험했던 성적과 입시 중심의 학교관에서 벗어나 학생의 성장과 배움에 대해 알아가는 시간을 가지게 되었다. 현재는 중학교 시기의 학생들이 수업 시간에 깨달을 수 있는 배움이 무엇일지 고민하며 수업하고 있다. 여러 수업 연구 모임에서 활동하며 동료 교사들과 '팬데믹 시대에서의 민주시민의 자세', '기후 위기와 개인의 실천', '생물종 다양성 보존' 등을 주제로 한 다양한 과학 수업을 디자인 및 실천하고 있다.

나, 어떤 수업을 해야 하지?

"저는 수업 시간에 아이들이랑 놀아요!"

　신규 교사로 발령받아 찾아간 학교에서 나를 처음 맞이한 분은 그해에 전출을 가시는 과학 선생님이었다. 그 선생님은 혁신적인 수업 사례로 신문 기사에 실리기도 했던 분이었다. 나에게 여러 가지 수업 자료들과 사례 모음집을 나누어 주시며 신나게 수업 이야기를 하시던 그분은 말씀 중에 '수업 시간에 아이들과 논다.'라고 하셨다. 수업 시간에 논다고? 산더미만큼 주신 자료와 교과서를 품에 안고 마냥 웃고 있던 내 머릿속에 갑자기 경보음이 울리면서 수십 가지 생각이 동시에 소용돌이치기 시작했다.

　'교사와 학생이 수업 시간에 놀 수 있다고? 도대체 어떤 수업을 하시는 거지? 내가 받은 과학 수업이 이런 수업이었나? 잠깐, 이 선생님이 떠난 자리에서 내가 과학 수업을 해야 한다고……?'

　그제야 내게 닥친 현실의 무게가 확 느껴졌다. 이제 내 신분은 합격의 기쁨을 누리는 평화로운 수험생이 아니었다. 당장 다음 주부터 한 학교의 정규 교육과정을 책임지고 꾸려나가야 하는 과학 교사인 것이다. 마냥 신나는 마음으로 첫 학교를 찾아갔던 나는 천근만근 무거워진 어깨로 교문을 나왔다.

　'큰일 났다……. 나, 이 학교에서 어떤 과학 수업을 해야 하지?'

네 생각이 궁금해!

발령 초기에 가장 놀라웠던 것 중 하나는 교사들이 늘 학생을 '궁금해 한다는' 것이었다. 학년부 교사들의 주 관심사는 늘 아이들이었다. 모이면 아이들 이야기로 시작해서 아이들 이야기로 끝이 났다. 흔히 하는 '우리 반 문제아'에 대한 한탄이 아니었다. 네 반, 내 반 따로 없이 수업이나 일상에서 만난 모든 학생들의 이야기가 자연스럽게 화제에 올랐다.

"선생님들! 오늘 민수(가명)가 학교에 모자를 쓰고 왔던데, 혹시 보셨나요? 영어 시간에 내내 쓰고 있어서 무슨 일이 있나 싶더라고요."

"그러게요! 과학 시간에도 모자를 쓰고 있기는 했는데, 수업에는 성실히 잘 참여했어요."

"아, 수업 시간에도 쓰고 있었나요? 조회 시간에 물어봤더니 아침에 등교할 때 눈이 부셔서 썼다고 하더라고요. 수업 시간에는 벗는 게 좋겠다고 말하긴 했는데, 다시 한번 얘기해 봐야겠네요!"

내 학창 시절 때의 복장 규율은 이유를 불문하고 절대 어겨서는 안 되는 것이었다. 그런데 이 학교의 교사들은 아이들의 작은 행동, 변화 하나도 놓치지 않고 그 속을 들여다보려 애썼다. 수업 시간에 모자를 쓰고 있던 학생은 선생님들의 배려로 복장에 대한 엄격한 지도보다 따뜻한 손길과 관심을 받았다. 이후 이 아이는 자신이 최근 겪고 있는 어려움을 진솔하게 드러냈고, 상담 후 더 밝아진 모습으로 학교생활을 이어나갔다. 이처럼 학년부에서는 학급의 벽을 두루 넘나들며 학생들을 살피고 궁금해했다.

이러한 시선은 자연스럽게 수업으로 이어졌다. 교사들의 수업은 모두 '학생의 생각이 궁금한' 수업이었다. 학생이 배움의 과정에 어떻게 참여했나? 어떤 어려움을 느끼는가? 유의미한 배움이 일어났는가?

첫 발령 이후 나는 학창 시절에 내가 겪었던 대로 빽빽하게 채워진 학습지와 수십 페이지의 화려한 PPT로 수업을 꾸려나갔다. 매시간 가르쳐줘야 할 내용이 너무 많았다. 하나도 빼놓지 않고 수업에 녹여내기 위해 그야말로 고군분투, 차시별로 어떻게든 내용을 꾸역꾸역 밀어 넣었다. 하지만 다른 교사들과 대화를 나눌수록 점차 내 수업의 부족한 부분들이 눈에 보이기 시작했다. 깔끔하고 빼곡하게 편집된 수업 자료에만 집중하던 내가 어느 순간부터 다른 교사들처럼 내 수업 속에서 학생들이 무엇을 배우고 있는지 궁금해지기 시작한 것이다.

'이 단원 가르칠 때 아이들이 잘 이해하지 못하는 거 같았는데……. 어디가 어려웠을까? 윤서(가명)는 평소에 수업을 잘 들었는데, 오늘은 왜 의욕이 없었을까? 어느 부분을 보충해야 아이들이 더 쉽게 배울 수 있을까?'

직접 말하고 생각하는 수업

학년부에서 동료 교사들과 이야기를 나누다가 소리의 3요소와 관련된 수업 고민을 털어놓은 적이 있다.

"이 부분은 단어를 혼동해서 사용하는 개념이 많은 곳이라 정확하게 알았으면 좋겠는데, 어떻게 활동지를 구성할지 고민이에요. 뜻을 자세히 알려주는 것에도 한계가 있고, 아예 단어를 주고 선택하게 하면 과제가 너무 간단해지고……."

"아이들이 혼동하는 개념일수록 스스로 생각해 보게 하세요. 말하다 보면 알게 되겠죠! 꼭 사용해야 하는 핵심 단어만 주고, 모둠원과 토의해서 문장으로 표현해 보게 하는 건 어때요?"

아, 머릿속이 환해지는 느낌이었다. 아이들에게 양껏 알려주고 싶어 빽빽하게 채웠던 활동지가 오히려 생각할 틈을 주지 않는 거대한 벽이 된 것이다. 스스로 생각하고 표현하게 하는 것이 배움을 일으킬 수 있는 하나의 방법이라는 것을 알게 되었다.

학생들이 과제에 몰입하면서 자유롭게 생각을 주고받게 하려면 먼저 수업의 형태를 바꿔야 했다. 소리의 3요소에 대한 개념을 학습한 후 자신의 오개념을 드러낼 수 있도록 학생들의 흥미를 고려한 'CSI 과학수사를 모방한 파형 분석' 과제를 도입했다. 과제에 따라 활동지의 구성도 바꾸었다. 빽빽하던 활동지를 네 가지 파형과 이미 학습했던 용어, 토의 내용을 적을 수 있는 빈칸으로 단출하게 구성했다.

"자, 지금부터 선생님의 사탕을 몰래 먹었다고 의심되는 용의자 선생님 네 분의 목소리를 들려줄게요. 지금부터 친구들과 논의해서 네 분의 인터뷰 목소리 특성을 비교하고, 어떤 파형이 어떤 선생님 목소리인지 맞혀보세요!"

친숙한 선생님 네 분의 열연이 담긴 음성이 나오자, 아이들의 과제 몰입도가 확 높아졌다. 토의 시간을 주자마자 순식간에 교실이 와글와글 달아올랐다. 비워진 활동지가 오히려 아이들이 자유롭게 이야기를 주고받을 수 있는 장치가 된 것이다. 겉보기에는 시끄럽고 요란스러웠지만, 아이들은 머릿속에 추상적으로 존재하던 개념을 대화를 통해 구체적인 문장으로 다듬어가고 있었다.

"용의자 A 파형이 용의자 B보다 진동수가 훨씬 많지!"

"아니야, 자세히 봐. A가 틈이 빽빽한 것 같은데, 전체적으로 반복되는 모양은 B가 더 많아."

"맞아. 진동수는 시간 안에 전체 반복되는 횟수를 세야 하잖아."

"아, 그런가? 그럼 목소리가 큰 거네!"

"아니지, 큰 거는 진폭으로 보는 거 아냐? 진동수는 높은음, 낮은음을 비교하는 거니까 음악 선생님인 것 같아."

"맞아! 음악 선생님 목소리가 고음이었어."

적절한 과제와 거기에서 사용할 용어만 제시해도 아이들은 머리를 맞대고 그 갈래를 찾아나갔다. 교사가 일일이 가르치려 했던 내용을 토론하고 고민하여 자기들의 말로 핵심 개념에 접근했다. 배움의 경로가 생생하게 확인되었다. 나는 피드백을 통해 아이들이 좀 더 정교하게 표현할 수 있도록 돕기만 하면 되었다. 학습의 과정에 있는 아이들의 생각을 궁금해할 것. 그 생각을 말로 표현하고 드러낼 수 있도록 과제를 구성할 것. 이 수업을 통해 내가 깨달은 것이었다.

학생들만 말하는 이상한 수업?

우리 학교에서는 한 달에 한 번 이상 공개 수업이 열린다. 이러한 문화 덕분에 나는 다양한 교과 수업 속 아이들의 모습을 관찰할 수 있었다.

우리 학교에서 참관한 수업 장면은 나의 학창 시절과 다른 부분이 정말 많았다. 교사보다 학생의 대화가 더 많은 수업이라니! 모둠활동에 적합하게 배치된 ㄷ자 교실 구조 속에서 학생들은 교사에게 집중할 때와 모둠원들끼리 이야기를 나눠야 할 때를 구분해 활발하게 수업에 참여했다.

인상 깊었던 부분은 성적이 우수한 학생들만 수업에 적극적으로 참여하는 것이 아니라는 점이었다. 학생들 대부분이 수업에 참여하여 이야기를 나누는 것을 부끄러워하거나 꺼리지 않았고, 서로 알려주고 배우며 각자 역할을 분담하는 것에 익숙했다. 처음에는 이것이 지금 세대 아이들의 특성인 줄 알았다. 하지만 수시로 열리는 공개 수업을 참관하면서 아이들의 참여도와 자신감은 교사들이 끊임없이 수업에 대해 연구하고 고민한 결과라는 것을 알게 되었다. 이러한 모습이 가장 와 닿았던 수업은 아이들이 직접 교사가 되어 수업을 진행하는 역사 시간이었다.

"이 부분은 친구들한테 어떻게 가르쳐줄 거니?"

"연도를 강조해서 알려줄까 해요. 흐름이 중요한 것 같아서요."

"그렇지. 그럼 저번 수업 시간에 봤던 것처럼 연대표를 활동지에 넣어서 만드는 게 좋을 것 같아. 연표 형식이 이해하기 편하니까. 그렇게 한번 구성해 볼래?"

"네! 그럼 이번 주 내로 추가해서 만들어볼게요."

놀랍게도 이 대화는 교사와 교사의 대화가 아니라, 교사와 학생의 대화이다. 같은 학년부에서 근무했던 역사 선생님은 두 달간의 역사 수업을 모두 학생들에게 맡겼다. 2인 1조로 아이들이 직접 역사 수업을 설계 및 시행하도록 한 것이다.

그렇다면 교사는 아무것도 하지 않는 편안한 수업이 되었을까? 그렇지 않다. 쉬는 시간마다 아이들은 교사를 찾아와 자신이 수업할 내용과 직접 만든 학습지에 대한 피드백을 받았다. 역사 선생님은 2학년 학생들 모두의 수업을 개별적으로 점검하면서 아이들이 자신의 수업에 대해 자신감을 가질 때까지 함께 수업을 설계했다. 평소에 무기력했던 학생도, 학습에 어려움이 있었던 학생도 자신만의 수업을 만들 수 있을 정도의 자신감을 가지게 된 것은 교사의 믿음과 아낌없는 지원 덕분이었다.

그 두 달간의 수업 과정을 지켜보며 많은 것을 느꼈다. 교사가 조력자가 될 때 아이들은 스스로 배움의 주체가 되었다. 나는 이 방법을 나의 수업에도 조금씩 적용하기 시작했다.

서로 가르쳐 주고 배우는 배움 부스 수업

역사 선생님의 수업을 본 이후, 교사는 수업 장면에서 한 발자국 물러나고 학생들이 서로 알려주고 배우는 수업을 시도해 보고 싶다는 생각을 가지게 되었다. 공식과 계산이 필수라 학생들이 가장 꺼리고 어려워하는 '일과 에너지' 단원을 즐기며 배울 수 있는 수업으로 만들고 싶었다. 교사가 직접 알려주지 않아도 모범적인 학생, 무기력한 학생, 배움이 느린 학생 할 것 없이 모두가 서로 가르치고 배우며 이해의 깊이를 더할 수는 없을까?

나는 과학 수업 공유 카페에서 보았던 '둘 가고 둘 남기 배움 부스 수업'을 도전해 보기로 했다. 먼저 4인 1조로 모둠을 구성해 모둠당 하나씩 실험과 관련된 개념을 학습한다. 이후 순환을 통해 두 명은 모둠에 남아 학습했던 내용을 친구들에게 알려주고, 두 명은 다른 모둠을 찾아가 그 모둠의 학습 내용을 배운다. 같은 흐름을 배움 팀과 수업 팀의 역할을 바꾸어 한 번 더 진행하면 모든 학생이 모든 모둠의 내용을 학습할 수 있다. 온전히 학생들끼리 서로 배우고 가르치는 방법으로 학습이 이루어지는 것이다. 하지만 아이들의 자율성에만 수업을 맡겨야 하니, 마음 한편으로는 이런저런 걱정이 들기도 했다.

'이 단원은 시험범위에도 들어가는 부분인데, 아이들끼리 서로 부족함 없이 내용을 알려주고 배울 수 있을까?'

가장 걱정되는 부분은 바로 이 지점이었다. 처음 배우는 개념과 실험을 교사의 설명 없이 잘 이해할 수 있을지 확신할 수 없었다. 그러나 이런 내 걱정이 무색할 정도로 아이들은 새로운 수업 방식에 책임감을 느끼고 학습에 뛰어들었다. 친구들에게 새로운 내용을 설명하려면 자신이 그 내용을 완전히 이해해야 한다는 생각에 실험도 두 번, 세 번 다시 해보며 연습했다.

"이렇게 말하면 나도 이해 못 하겠다!"

"그럼 여기서 이렇게 보여주면 좀 쉽지 않아?"

"이 내용은 중요하니까 퀴즈를 만들어서 내면 한 번 더 확인할 수 있을 것 같은데?"

"내가 실험 보여주는 동안에 네가 결과 보는 방법 알려줘."

아이들은 전지에 자신의 모둠이 알려줄 개념들을 정리하면서 다른 친구들에게 설명할 수 있을 정도로 학습 내용을 되풀이했다. 나 역시 가만히 있을 틈이 없었다. 각 모둠의 활동에 눈과 귀를 기울였고, 아이들의 대화 사이로 적절한 피드백을 제공했다.

"위치에너지는 어디부터 측정할 건지 정해 봤니?"

"여기서는 단위를 어떻게 써야 할까?"

"이 공식은 중요하니까 친구들이 알기 쉽게 더 풀어서 설명하면 좋을 것 같은데?"

자신의 모둠 주제를 반복해서 공부하고 준비하다 보니, 학생들은 내가 주는 피드백을 스펀지처럼 흡수했다. 이 과정을 바탕으로 아이들은 친구들에게 자신감 있게 자신의 모둠 주제를 시연했다. 다른 팀들에게 반복해서 내용을 알려주다 보니, 마지막 팀을 알려줄 때는 거의 자신이 맡은 주제의 전문가가 되어있었다. 마지막에는 발표 자료를 보지도 않고 술술 내용을 설명하는 아이, 배우러 온 친구에게 직접 실험을 해보도록 하는 아이, 나의 수업 모습을 흉내 내는 아이 등 각자의 방법으로 배움 부스가 활발히 운영되었다. 배움을 얻는 아이들 역시 친구들에게 가르침을 받으며 관심을 가지고 이런저런 질문들을 서슴없이 던졌다.

이 수업을 통해 내가 느낀 가장 큰 변화는 학생들이 어려워하던 학습 내용의 벽을 무너뜨렸다는 것이다. 문제를 풀고 수식을 익혀야 해서 모두가 꺼렸던 '일과 에너지' 단원은 이 과정을 통해 아이들에게 가장 친근한 단원이 되었다. 난이도가 있는 문제도 관심을 가지고 도전하는 모습을 볼 수 있었고, 반에서 가장 무기력했던 아이가 친구들에게 실험을 능숙하게 보여주며 관련 개념을 설명하는 모습도 볼 수 있었다. 교사인 내가 수업의 주인이 되어서 하나하나 내용을 알려주고 문제를 풀어주었다면, 아이들의 이런 모습이 나타났을까? 나의 역할과 수업의 변화가 아이들에게 어떤 배움의 기회를 만들어줄 수 있는지를 직접 확인할 수 있었던 순간이었다.

따로, 또 같이!

"선생님, 쟤는 맨날 아무것도 안 해요!"

"이거 자르려고 했는데 못 하게 해서 뭐할지 보고 있었던 거예요."

"짜증 나요. 모둠활동 그만했으면 좋겠어요. 모둠원이 협조를 안 하면 제가 다 해야 해요."

학생 중심 활동 수업에 위기가 찾아왔다. 모든 학생이 집중하고 참여할 수 있도록 대부분의 수업을 모둠활동 수업으로 바꾸었는데, 언제부터인가 아이들의 스트레스가 이만저만이 아니었다. 도대체 무엇이 문제일까?

활동식 수업은 수업 개발과 준비에도 노력이 많이 들어가는데, 정작 그렇게 준비한 수업에서 갈등하는 아이들을 중재하랴, 활동을 진행하랴, 이리 치이고 저리 치이다 보니 나도 진이 다 빠졌다.

폭풍 같은 일과 중 잠깐씩 동료 교사들과 둘러앉을 때는 마음속 가뭄에 단비가 내린다. 서로 고군분투하며 일과를 함께 보내는 동료 교사들이야말로 매번 우는소리에도 한결같은 공감과 위로를 주는 마음의 쉼터이기 때문이다. 나는 이 시간에 내 수업에 찾아온 위기에 대해 조언을 구했다.

"우스갯소리로 활동 중심 수업을 진행하면 아이들이 그림 그리고 가위질하는 것만 배워서 간다고도 하잖아요."

"맞아요. 아이들이 무기력하거나 활동에 비협조적인 건 아닌데, 수업 내용을 제대로 이해하고 있는지 의문일 때가 많아요."

"재미도 좋지만 아이들이 그 수업에서 꼭 알아야 할 학습 내용들은 알고 넘어가야 하는데, 어떻게 수업을 구성해야 할지 참 고민이네요."

이때, 마을 협력 프로젝트 수업을 하고 있는 국어과 선생님과도 이 고민을 나누게 되었다.

"선생님은 어떻게 그렇게 큰 프로젝트 수업을 할 생각을 하셨어요? 저는 아이들이 활동하고 난 다음에도 남는 게 뭘까 참 허탈할 때가 많아요."

"음, 우리는 교과 특성상 긴 기간 동안 아이들이 글을 완성하게 해야 하니까, 연초에 교육과정을 미리 큰 틀로 구성해서 그런 것도 있을 거예요."

"아, 그럼 수업 흐름을 다 미리 구상하시는 거예요? 너무 궁금해요! 어떤 식으로 짜시나요? 특강 한번 해주시면 안 될까요?"

국어 선생님은 흔쾌히 그 요청을 수락하셨고, 같은 학년부에 있던 교사들도 소식을 듣고 너도나도 동참하면서 열화와 같은 성원 아래에 비공식적 수업 연구회가 열리게 되었다. 국어 선생님은 일과 후 연간 수업 계획과 정리된 자료들을 통해 배움의 흐름을 만드는 수업 계획 과정의 노하우를 알려주셨다.

국어 선생님의 수업 흐름은 나에세 큰 울림을 주었다. 재구성한 학년 교육과정을 바탕으로 학생들이 성취 기준에 적절한 학습 요소를 숙달할 수 있도록 체계적으로 수업이 설계되어 있었다. 아이들은 한 학기의 국어 수업 시간 동안 글감을 모으고, 생각을 나누고, 직접 조사하고 정리하는 활동을 꾸준히 누적하여 최종적으로 자신만의 글을 완성했다. 각 차시의 수업 설계가 한편의 글을 완성하는 힘을 차근차근 길러주고 있었다.

아, 그제서야 나는 내 수업에서 아이들이 왜 스트레스를 받았는지 이해하게 되었다. 아직 과학적으로 생각하고 말하는 힘이 부족한 아이들에게 어려운 개념이 잔뜩 담긴 모둠 과제를 제시하고, 아이들은 그 낯설기만 한 내용을 풀어나가야 하니 답답하기도 했을 것이다. 그래도 어떻게든 친구들과 함께 아등바등 과제를 해결해 보려 각자의 고군분투가 이어졌을 것이다. 이 과정이 반복되다 보니 배움이 공동체를 위해 구성했던 모둠이 오히려 갈등을 야기하는 경우가 늘어났다. 나도 나름의 돌파구를 마련해 보고자 수업을 더욱 '재미있는', '기발한' 활동으로 채우려다 보니 수업 준비에 소비되는 에너지가 늘어났다. 하지만 학생 개개인이 수업 목표에 해당하는 배움을 얻었는지에 대한 의문은 오히려 커져만 갔다.

비공식 수업 연구회 이후, 수업 디자인에 대한 나의 인식은 많이 바뀌게 되었다. 작은 난위의 기발한 활동보다는 대단원을 아우르는 배움의 흐름과 학생의 생각하는 힘을 길러주는 교사의 섬세한 수업 디자인이 필요하다는 것을 깨달았다. 재미난 활동들로만 수업을 채우려던 구성 방식에 변화가 필요하다는 것을 알게 되었다.

단원 교육과정의 재구성

뛰는 방법을 알려주지 않고, 왜 못 뛰느냐 재촉하는 것처럼 어리석은 일이 있을까? 협력학습이 유의미한 배움이 되려면 아이들에게 단계적으로 학습 과정을 제시해 줄 필요가 있었다. 이를 위해 함께 배움에 도달하기 위한 협력학습, 내재화를 위한 개인학습, 달성도를 확인할 수 있는 평가가 어우러진 철저한 사전 수업 계획이 필수적이었다. 국어 선생님이 말씀하셨던 수업의 흐름을 만들어보기 위해 방학 기간을 이용해 다시 수업 계획을 수립했다. 성취 기준을 중심으로 여러 출판사의 과학 교과서를 분석했고, 1학년 과학 중 '물질의 상태변화' 단원의 교육과정을 재구성했다.

이 단원의 최종 목표는 학생들이 입자모형으로 일상 속 물질의 상태변화 현상과 열에너지의 출입을 설명할 수 있게 하는 것으로 설정하였다. 학습 달성도를 파악하기 위해 대단원의 마지막에는 학습 개념을 바탕으로 서술형 형성평가를 시행하는 것을 계획했다. 서술형 평가에서 확인할 개념을 익힐 수 있도록 모둠 협력학습, 짝 대화를 활용하되 활동 전후로 개인 정리 활동을 구성해 학생 개인의 학습 시간을 확보했다. 완성된 전체 단원의 흐름은 크게 세 갈래로 나뉘었다.

1. 물질의 세 가지 상태와 입자모형 모둠 토의
2. 물질의 상태변화와 입자모형 배움 부스
3. 물질의 상태변화, 열에너지로 총정리하기

학생들은 이 단원의 학습을 위해 '입자모형'이라는 중요 개념에 익숙해질 필요가 있었다. 그래서 단원의 첫 번째 갈래에서는 그림을 보고 고체, 액체, 기체의 입자 배열과 특징을 자유롭게 논의할 수 있도록 수업을 구성했다. 아이들이 직접 자료를 분석하여 물질의 세 가지 상태에 대한 정의를 알아내면서 낯선 개념에 조금씩 가까워지게 한 것이다.

단원의 두 번째 갈래에서는 이전에 시행했었던 '둘 가고 둘 남기 배움 부스' 방식을 선택했다. 여기서 추가된 점은 모둠 실험을 모둠원 네 명이 함께 진행한 뒤, 짝 대화를 통해 실험 결과를 분석하게 한 점이다.

"질문 1번 '초콜릿이 굳은 것은 어떤 상태변화인가요?', 이거 응고 맞지?"

"응. 녹았던 게 굳은 거니까, 액체에서 고체로 변하는 상태변화. 응고 맞네."

"질문 2번에서 부피 변화를 입자모형으로 설명해 보라는데? 고체니까 간격이 좁아진 거 아닐까?"

"네 말이 맞는 거 같아. 고체 입자 특징이 입자 사이 간격이 좁다는 거니까. 여기에 설명도 있어."

짝 대화는 학생의 성취 수준과 상관없이 활동지의 질문을 보고 번갈아서 질문에 대한 답을 교과서에서 찾아 말하고 적어보는 하브루타 방식을 빌렸다. 이 과정에서 학생들은 다른 모둠 친구들에게 내용을 가르쳐주기 전에 짝과의 대화를 통해 과학적으로 현상을 이해하고 설명하는 연습을 했다.

배움 부스의 각 모둠에서 학습한 내용은 하나의 도표에 기록하여 정리할 수 있도록 구조화된 개인 정리 활동지를 주었다. 개인 정리 활동지는 친구에게 배운 내용을 정리하고 익히는 도구가 되었다. 단원의 세 번째 갈래까지 학습이 종료된 후에는 협력학습과 개인 정리 활동에서 오개념이 없었는지 확인하는 교사의 전체 피드백 시간을 가졌다.

재구성한 대단원의 전체 흐름을 수업 초반에 계속 짚어주자, 아이들은 자신의 배움이 어떤 흐름 속에 있는지 이해하며 수업에 참여했다. 교과서를 기반으로 짝 대화가 이루어지자, 학습의 속도와 관계없이 서로 질문에 대한 답을 함께 찾으며 대화를 이루었다. 개인 정리 활동지를 주자 배움 부스에서 배운 내용을 베껴 쓰는 것에 그치지 않고, 자신의 언어로 다시 구조화해 정리하는 모습을 보였다. 이 과정은 최종 서술형 평가 전에 학생들이 어느 지점에서 오개념을 가지는지, 보충이 필요한 부분은 무엇인지 드러내는 중요한 역할을 했다. 그 덕에 학생들의 특성에 맞는 적절한 피드백을 수시로 줄 수 있었고, 학생들은 최종 서술형 문항의 답안을 부담 없이 작성했다.

체계적인 수업 설계는 학생뿐만 아니라 교사에게도 도움이 되었다. 학생들의 학습 과정을 단계별로 확인할 수 있어 성취 기준이 달성되었는지 세심하게 파악할 수 있었고, 서술형 평가 답안은 학습 과정이 유의미하게 진행되었는지 알려주는 지표가 되었다. 또한 협력학습과 활동 과정에서는 학생 개개인의 특성을 세세하게 파악할 수 있었고, 관찰한 내용을 교과 세부 능력 특기 사항에 기록할 수 있었다.

이 수업은 학생들을 매료시킬 만한 화려한 활동이나 아이디어가 있는 수업은 아니었다. 그런데도 학생들은 훨씬 안정적인 분위기에서 수업에 참여했다. 학습 과정의 각 단계에서 수업 디자인이 어떻게 구성되어 있는지에 따라 학생들의 몰입과 숙달 성도가 확연히 달라진다는 것을 느낄 수 있었다. 이 수업을 통해 교사의 섬세한 교육과정 재구성과 수업 디자인이 학생의 배움과 성취를 얼마나 체계적으로 만들어 줄 수 있는지 알게 되었다.

함께, 더 넓게

"편하게 빨대 사용할래? 아니면 조금 불편해도 사용하지 않을래?"

"아, 그냥 편하게 빨대 쓰고 싶은데요. 저는 그냥 쓸래요!"

아이들과 대화를 하던 중 나는 무언가 잘못되었다는 생각을 했다. 환경오염이 바다거북에게만 피해를 준다고 생각하는 부족한 생태 감수성. 숨을 들이마셨다가 참아보면 코로나19 감염을 진단할 수 있다는 가짜 뉴스를 믿는 낮은 정보 문해력. 불편함을 감수하기보다는 편하게 일회용품을 쓰고 싶다는 단순한 반응. 교육과정 속에 있는 과학 지식을 숙달하는 것이 아이들의 삶에서 과연 얼마나 큰 의미가 있을까?

동료 교사들과 차를 마시며 수업에 관한 이야기를 나누다가 비슷한 고민을 주고받게 되었다. 온라인 수업이 이루어지고 있는 학교 수업에서 팬데믹과 관련된 내용을 다루지 않는다는 것이 옳은 것일까? 기후위기가 극심해진 지금, 학교는 아이들의 미래를 위해 어떤 방향으로 수업을 이어나가야 할까? 학기 초 나는 이러한 고민을 함께 수업으로 풀어나갈 수 있는 동료가 있을까 하여 학년부 선생님들에게 전체 메시지를 보냈다.

"혹시, 환경 수업 함께 해보실 분 계실까요?"

조심스레 보낸 나의 제안에 생각보다 더 많은 교사들이 관심을 보였다. 영어, 국어, 음악, 사회과 선생님들이 함께하고 싶다는 답장을 보내왔고, 함께 수업에 관한 이야기를 나누기 위해 조촐한 자리를 마련하게 되었다.

　"과학과에서는 생물종 다양성 단원이 있어서, 아예 프로젝트 형식으로 다양한 생물종 다양성 파괴 사례를 다뤄볼까 해요!"

　"그럼 영어 수업에서는 그 내용을 영어로 작문하는 활동을 진행해 보고 싶어요. 환경 관련 주제가 마침 교과서에 있거든요."

　"국어 시간에는 간단한 주제로 토론을 시켜볼까 해요. 아이들이 과학 수업에서 다루는 사례 중에 우리 삶과 가까운 간단한 주제가 있으면 좋을 것 같아요. 예를 들면 무심코 사용한 종이컵 사용이 환경에 미치는 영향처럼요."

　"사회과에도 쓰레기 관련 단원이 있어요. 만약 차시가 허락된다면 직접 구청의 주민 참가 사업을 지원하는 활동으로 확장할 수 있을 것 같아요."

　"음악은 표현이 중심이 되는 교과니까, 아이들이 다른 교과에서 생각한 내용을 직접 음악으로 만들고 홍보하는 활동으로 풀어나갈 수 있을 것 같아요."

　과학 교과에서만 진행했다면 절대 시도해 볼 수 없었을 다양한 주제와 활동 아이디어가 오갔다. 짧은 시간이었지만 동료 교사들과 나눈 대화 속에서 학교 수업이 나아가야 할 방향에 대한 배움을 얻을 수 있었다. 교과 내용을 숙달하는 수업이 학생에게 주는 배움에는 한계가 있다. 교사들은 학생들에게 교과 수업을 통해 세상을 바라보는 자신만의 '눈'을 길러주고 싶어 했고, 이를 위해 고민하고 있었다.

함께 수업 이야기를 나누었던 교사들은 이후 과학과 공개수업과 나눔에도 참여했다. 과학 수업의 흐름에 이어 영어과, 국어과, 음악과에서도 환경 수업을 시행했고 이로써 더 다양한 환경 관련 활동을 연계할 수 있었다. 이날의 대화는 혼자서 꾸려나가는 수업보다 여러 교과가 함께 같은 방향을 바라보고 각 교과의 특성을 녹여 수업을 이어나갈 때 아이들에게 더 큰 파급력을 줄 수 있다는 것을 알게 해주었다.

과학, 국어, 가정 교과가 함께한 기후 위기 실천 수업

기후 위기를 다루는 수업에 대해 함께 이야기를 나누던 세 교사가 모여 탄소 중립 교육 프로그램을 구상하게 되었다. 환경부에서 탄소 중립 수업을 지원하기 위해 교사 동아리를 공모하고 있었고, 평소 환경 관련 프로젝트 수업을 진행하던 국어 선생님이 나와 가정 선생님을 초대해 함께 수업을 고민하게 되었다. 단기적으로 진행하는 기후 위기 수업이 아니라, 긴 호흡 안에서 체계적으로 환경 이슈를 생각해 보고 실천까지 이어나갈 수 있는 환경 수업을 꾸려보자는 의견이 모였다. 삶과 가까운 교육과정을 만들기 위해 세 교과의 교사들이 머리를 맞대고 함께 수업을 구상하기 시작했다.

우리는 평일, 휴일 할 것 없이 다양한 서적을 읽고 자료를 수집하며 각 교과의 색을 녹인 수업을 구성하기 위해 애썼다. 1학년 주제 선택, 2학년 환경 계기 수업, 3학년 전환기 수업에서 모두 사용할 수 있는 프로그램을 목표로 수업에 대한 논의를 진행했다. 그러던 중 기후 위기에 대한 과학적 지식을 바탕으로 육식과 탄소 배출의 연결고리를 이해하여 '고기 없는 하루' 실천으로 이어질 수 있는 수업을 짜보자는 의견이 나왔다. 이에 기후 위기와 육식에 대한 내용을 다루는 챕터를 크게 두 부분으로 나누고, 전체 수업 과정에서 아이들이 조금씩 글감을 모아 최종적으로 자신의 생각을 담은 에세이를 쓰는 과정으로 수업을 구상하게 되었다.

1. 육식과 기후의 관계
2. 환경운동이 되는 나의 한 끼

첫 번째 챕터에서는 육식, 탄소 배출, 기후 위기의 관련성에 대해 생각해 보는 내용을 다뤘다. 아이들은 '나의 탄소 감수성 지수 퀴즈'와 다큐멘터리를 통해 과도한 육식 소비로 인해 배출되는 탄소의 양에 대해 구체적으로 알아본다. 나는 이 과정에서 알게 된 탄소 배출과 관련한 수치들을 타이포그래피(문자를 시각적으로 디자인하는 것)로 표현해 그 의미를 되짚게 한 뒤, 배출된 탄소가 가져온 기후 위기를 분석할 수 있도록 모둠별 주제 탐구를 구성했다. 과도한 탄소 배출이 가져온 지구의 변화에 대해 아이들이 직접 말해볼 기회가 필요하다고 생각했기 때문이었다. 이를 위해 2021년 세계 각지에서 일어난 기후 위기 사례 네 가지를 과학적으로 분석하고, 기후 위기의 피해와 원인, 시사점을 직접 호소하는 뉴스 보도를 만드는 수업을 구성했다.

두 번째 챕터는 아이들이 학습한 내용을 삶 속에서 실천해 보는, 이 프로그램의 꽃이다. 함께 프로그램을 구상한 가정과 선생님은 조리 실습수업과 영양, 식단에 대한 실천 수업에 능숙했다. 이 노하우를 녹여 현재의 육식 중심 식문화의 특성과 다양한 채식 문화, 건강한 채식 식단 구성에 대한 수업을 진행하고 직접 아이들이 채식 식단을 짜보는 실천 활동을 기획했다. 아이들은 첫 수업부터 계속 기록해 온 자신의 식단을 통해 불필요한 육식 소비를 돌아보고, 대체식품이나 채식 식단에 대해 심도 있게 탐색해 본다.

국어과 선생님은 환경과 관련된 도서를 읽은 후 환경 일기 쓰기와 생활 속 실천까지 연계한 프로젝트 수업을 진행한 경험이 있었다. 이 경험을 이번 수업에도 활용하여 전체 수업을 관통하는 자신의 식단 성찰과 수필을 작성할 수 있는 워크북을 제작하기로 했다. 매 차시 아이들은 자신의 활동을 정리하여 기록하고, 이를 바탕으로 자신의 글감을 마련하게 된다. 전체 차시가 끝나면 한 편의 글을 완성하고 친구들과 나눈 뒤 소감을 발표하는 것으로 마무리된다.

세 교과가 동시에 하나의 프로그램을 구상하는 과정에서 많은 생각을 했다. 한 교과 안에서는 경험하기 어려운 배움을 세 교사의 합심으로 만들어냈다는 뿌듯함이 느껴졌다. 삶과 가까운 주제를 탐구하고, 익히고, 실천까지 연결하는 배움이야말로 학교에서 제공해야 할 가장 중요한 학습경험이 아닐까? 이 수업을 진행하면서 실세로 자신이 살아가는 지구에 큰 변화가 일어나고 있다는 것을 체감하는 아이들의 반응을 생생하게 느낄 수 있었다. 교사가 학교에서 제공하는 경험이 앞으로 아이들의 인생에 어떤 울림을 주게 될지 마음속에서 작은 기대감이 피어올랐다.

이제, 나의 수업은

지금 내 수업의 아이들은 협업과 논의에 익숙해졌다. 배운 내용을 친구들에게 알려주고 반대로 친구들에게 배움을 얻는 것이 자연스럽다. 또한 주어진 과제를 어렵고 부담스러운 것으로 느끼지 않고 함께 관심을 가지고 참여하며 실마리를 풀어나간다. 이렇게 차근차근 자신의 생각을 쌓을 수 있게 된 아이들은 삶과 가까운 주제에 대해 과학적으로 이해하고, 자신만의 견해를 주체적으로 생각하고 말할 수 있게 되었다.

"나무젓가락을 사용하겠다고 마음대로 벌목한 숲이 결국 야생동물의 서식지를 파괴했고, 터를 잃은 박쥐나 동물이 가까워진 것이 결국 코로나19의 원인이 되었어요."

"제사해 운동이라는 인간의 이기적인 행동으로 참새를 몰살시킨 결과 생태계가 파괴되었고, 결국 중국 대기근이라는 엄청난 결과가 돌아왔어요."

"생태계는 굉장히 복잡해서 하나의 종이 사라졌을 때 어떤 결과가 나타날지 몰라요. 해달이 사라지면 바다의 숲인 해조류가 망가지는 것처럼요!"

계속해서 성장한 나의 수업은 지금 어떤 모습일까? 준비 없이 뛰어든 교사라는 자리에서 아이들에게 어떤 배움의 경험을 주어야 할까 끊임없이 고민했고, 학교 안에서 보고 느끼고 배운 경험을 바탕으로 다양한 시도와 변화 끝에 지금의 수업이 만들어졌다.

혁신학교에서 나는 끊임없이 수업을 돌아보고 새로운 방법을 시도해 보는 동력을 가진 교사로 성장했다. 이 동력을 만들어준 것은 동료 교사들과 함께 쌓은 논의와 고민이었다. 생활지도와 수업을 분리하지 않았던 학년부에서의 경험. 수시로 열리는 다양한 교과 교사들의 수업 나눔에서 배웠던 새로운 시각들. 서로의 어려움에 공감하며 흔쾌히 수업을 공유하고 논의하는 것이 익숙한 든든한 동료 교사들. 이 구성원들이 만들어가는 혁신학교는 학생이 중심이 되는 학교문화를 공고히 했고, 이것이 고스란히 학년부와 수업에 녹아있었다. 이로 인해 만들어진 든든한 지지대는 나의 수업을 한층 성장시켜 주었다.

"저는 아이들이랑 수업 시간에 놀아요!"

처음 나에게 큰 충격을 주었던 과학 선생님의 이 말씀은 사실 긴 시간 동안 수업에 대한 고민과 시도를 이어가며 쌓아온 교사의 철학이 녹아있는 한마디였다. 아이들에게 자율성을 주고, 스스로 생각해 보는 기회를 만들어주기 위해 수업과 교사의 역할을 '놀이'라는 정의로 받아들이신 그 선생님의 철학은 이제는 나에게 부담이 아닌 새로운 뜻으로 다가오게 되었다.

요즘 나는 재미있는 영상을 보거나 새로운 경험을 하면 '이거, 수업에서 활용하면 재미있겠는데?'라는 생각이 먼저 든다. 아이들의 시선에서 수업을 바라보며 주체적으로 배움을 경험할 수 있도록 다양한 수업을 계획하는 것이 재미있다. 처음 도전하는 수업도 이제는 어렵지 않다. 든든한 동료 교사들과 수업 고민을 풀어나가면 얼마든지 새로운 방향을 모색할 수 있다. 지금도 나는 이곳에서 배운 학생에 대한 시각, 교사에 대한 시각, 수업에 대한 시각을 지지대 삼아 서로를 존중하는 동료 교사들과 함께 조금씩 수업을 꾸려나가고 있다.

III
혁신학교 이야기

고등학교 편

소통과 공감이 가능하다면, 그곳이 혁신학교

김대경

인헌고등학교

유난히도 책을 좋아하는 교사이다. 20년 가까이 학생들과 책을 통해 만나며 행복한 시간을 보내고 있다. 혁신학교에 근무하면서 25년의 교직 생활에서도 배우지 못했던 것을 이제야 무더기로 배우고 있는, 나이 든 신참 교사이다. 교사와 학생이 함께 배우고 성장하는 학교, 한 명의 학생도 소외시키지 않는 학교를 지향하는 혁신학교의 목표에 격하게 공감하며, 바쁘고 힘들지만 설렘과 뿌듯함으로 가득한 지금의 삶에 감사하며 살고 있다. 모두가 자신의 삶을 온전히 누리며, 보다 나은 세상에서 서로를 돌보고 나누는 삶을 살아가는 데 작은 힘을 보태고 싶다.

원하지 않았던 곳, 혁신학교

"나 혁신학교 절대 안 가."

5년 전 일이다. 지난 학교에서 함께 근무하다가 혁신학교로 간 동료 교사가 전화를 했다. 초빙교사 신청 한번 해보라고. 내가 워낙 책을 좋아하다 보니 같이 독서나 토론 관련 행사를 여러 번 재미있게 진행했던 경험이 있었는데, 이번에도 함께해 보자는 것이었다. 하지만 혁신학교를 둘러싼 흉흉한(?) 소문을 믿었던 나는 일말의 망설임도 없이 혁신학교에는 발도 붙이지 않겠다고 선언했다.

"혁신학교에 가면 하루에도 회의를 몇 번씩이나 한대."

"혁신학교는 수업이나 행사를 학생 참여식으로 진행해서 피곤한 일이 한두 가지가 아니래."

교직 경력 20여 년 동안 주입식, 강의식 수업을 해왔던 나는 혁신학교의 'ㅎ'자만 들어도 지레 손사래를 치곤 했다. 왜 고생을 사서 하겠는가?

그런데 공교롭게도 나는 전출 희망 서류에 쓰지도 않았던 혁신학교로 발령이 나버렸다. 내가 20년 전에 근무했던 학교였다. 주변 동료 교사들은 나보다 더 나를 걱정했다. 나이 쉰에 아주 낯선 학교에 가느니 그래도 옛정과 추억이 조금 남아있는 학교로 가는 것이 그리 나쁘지만은 않다고 위안 삼으려 했지만, 지금의 그 학교는 내가 그렇게도 두려워하던 혁신학교로 바뀌어 있었다. 하지만, 달리 방법은 없었다.

전입 교사 오리엔테이션 때 혁신부장 선생님이 《배움의 공동체》라는 책을 주었다. 나는 그 책에 쓰인 그대로 수업을 하라는 뜻으로 받아들였다. 그래서 열심히 읽고, 개학 첫날부터 교실 배치를 ㄷ자로 바꾼

후 발표 수업을 진행했다. 난생처음 해보는 참여식 수업, 블록 수업이라 교실에 들어갈 때마다 진땀이 났다. 마치 대본도 제대로 이해하지 못하고 연극무대에 서야 하는 배우처럼.

하지만 이 학교에서 4년 가까이 근무한 지금, 나는 혁신학교가 무척 좋아졌다. 물론 회의나 학생 참여 수업이 많은 것은 사실이다. 그래서 매번 분주하고 자주 우왕좌왕한다. 그런데도 좋다. 종종 생각해 본다. 그 이유가 뭘까?

인문학당, 독서 카페

나는 아주 내향적이고 소심한 성격이다. 이런 내가 학교에서 책 읽기 모임을 주도하고 독서교육을 진행한다는 게 내가 생각해도 참 희한하다. 책을 워낙 좋아하다 보니 학교에서 책과 관련한 행사나 활동이 있을 때마다 여기저기 발을 들여놓았고, 그렇게 지금까지 오게 된 것 같다.

사실 나의 책 읽기 모임은 이전에 근무했던 학교에서 시작되었다. 학년부에 갑자기 배부된 예산을 어디에 쓸지 논의하다가 아이들과 함께하는 책 모임을 꾸리기로 했다. 그러다 보니 좋은 책을 읽고 누군가와 함께 나누는 일이 얼마나 즐겁고 행복한지 알게 되었다. 하지만 모임 일정이나 관련 행사 등 모든 일을 나 혼자서 기획하고 진행하다 보니 힘에 부치는 경우가 많았다. 한 동료 교사는 그렇게 일을 벌여놓고 떠나면 누가 그 일을 대신 맡아 하겠냐며 조언 아닌 조언을 하기도 했다. 그런데 이 학교에 와보니, 마치 잘 차려진 밥상처럼 이 모든 것들이 이미 다 진행되고 있었다. 바로 인문학당과 독서 카페가 그것이다.

　인문학당은 연 4회 주제별 저자 특강을 하는 학교 행사이다. 2021년 2학기에는 기후 위기와 노동을 주제로 한 도서의 작가들을 각각 초빙했다.

　매번 저자 특강을 준비할 때마다 나는 마음이 부산해진다. 어떤 책을 읽고 어떤 저자를 초빙할 것인가. 정작 특강을 개설했는데 아이들이 많이 참여하지 않으면 어떡할까. 특강 도중에 돌발 상황이 생기면 어떡할까. 매번 고민과 갈등의 연속이건만 해마다 좋은 책과 저자를 만날 수 있는 절호의 기회이기에 하지 않을 수 없다.

　이번에 진행된 강연은 모두 오프라인으로 진행되었다. 노트북과 간식, 강의실 정돈, 소감문 양식 등 이것저것 만반의 준비를 갖추어 놓으면 다음은 오로지 저자와 아이들의 호흡에 따라 흘러간다. 저자의 이야기에 아이들은 홀린 듯 연신 감탄사를 연발하면서 몰입한다. 저자도 아이들의 호응에 힘입어 수업 시간에 못다 한 이야기, 살면서 정말 마음을 기울여야 할 이야기를 진심을 담아 이야기한다. 아이들의 눈빛이 반짝반짝 빛나는 순간이자, 내가 한시름 놓는 순간이다.

　기후 위기 강의는 사실 학교 수업 시간에도 많이 다루는 내용을 다루고 있어서 아이들이 식상해하지 않을까 염려했는데, 괜한 기우였다. 최근의 이슈와 사진, 동영상 등을 보면서 아이들은 교과 시간에 접하지 못한 지구의 현실에 경악했다. 실시간으로 의견을 제시해 보게 하고, 구체적인 실천 방안을 함께 논의할 때는 아이들의 모습이 사뭇 진지해졌다. 진정한 배움은 그 활용과 실천까지 닿았을 때 이루어진다는 것을 다시 한번 실감했다.

노동 강의를 맡은 저자는 아이들의 코드에 맞춰 물류 센터에서 일을 했던 본인의 경험을 구체적으로 이야기해 주었다. 우리의 삶과 매우 밀접하지만 미처 알지 못했던 이야기가 나오자 아이들의 한탄과 감탄이 흘러나왔다. 내가 알지 못하는 다른 이의 아픔을 이해하고 공감하는, 수업보다 소중한 시간이다. 한 시간 정도의 강연이 끝나고 질의응답 시간이 되자 염려와는 다르게 아이들 모두 적극적으로 손을 들었다. 질문도 가지각색으로, 저자 개인의 삶에 대한 질문부터 노동자의 삶에 대한 질문까지 끝이 없었다. 저자도 그 수많은 질문에 하나하나 정성을 다해 대답해 주었다. 교사로서 그 순발력과 이해력, 공감 능력이 부럽다는 생각이 들 정도였다.

노동 강의가 끝나고 나서 저자와 개인적으로 식사를 했다. 저자는 우리 학교 아이들을 입이 마르도록 칭찬했다. 굉장히 적극적이고 활달하며, 반응도 다른 학교보다 훨씬 더 크고 질문 수준도 높았다는 것이다. 나는 웃으며 이렇게 대답했다.

"우리 학교, 혁신학교거든요."

질문이 자유롭고, 적극적으로 토론과 발표를 하는 학교. 기초학력과 선행학습이 부족하여 매번 모의고사 점수는 그리 높지 않지만, 호기심과 의지, 공감 능력은 탁월하다. 25년 넘게 여러 국공립학교에서 근무한 경험이 있기에 장담할 수 있다.

또 우리 학교에서는 매년 독서 카페 활동을 한다. 아이들이 자발적으로 독서 동아리를 만들어 책을 읽는 모임이다. 멘토 교사가 있긴 하지만, 어떤 책을 읽을지 고르고 독서 후 토론을 주관하는 것까지 전적으로 학생의 몫이다. 수업과 학교 활동으로 바쁜 와중에도 학교 도서관에 모여 도란도란 이야기를 나누는 모습을 보면 무척 대견하다. 요즘은 SNS가 발달해서 그런지 아이들이 제법 좋은 책을 잘 골라온다. 덕분에 나도 아이들이 고른 책을 읽고 한껏 들떠서 신나게 수다를 떨었다. 함께 성장하고 배우는 기쁨이 넘치는 곳. 그게 바로 우리 학교다.

실시간 온라인 책 읽기 수업

코로나19로 인해 대면 수업이 힘들었던 때의 일이다. 입학식도 치르지 못하고 얼떨결에 4월 말에야 만났던 1학년 아이들. 아이들이 맞닥뜨려야 하는 혼란과 고립의 시간이 너무나 안타까웠다. 그래서 1학기 때는 아이들이 읽을 만한 역사책을 워킹 스루로 나누어주고, 각자 읽게 한 다음 조금씩 피드백을 해주었다. 고른 책은 《역사의 쓸모》라는, 역사적 인물이 자신의 시대에서 어떤 고민을 하고 어떤 삶을 살았는지를 다룬 내용이었는데 의외로 아이들의 반응이 좋았다. 진로와 연관 지어서도 어떤 삶을 살아야 할지에 대해 많은 생각을 하게 해준 책이기도 했다.

상황이 나아지지 않아 2학기에도 대면 수업이 어려워지자 나는 용기를 내어 온라인 실시간 수업을 시도해 보기로 했다. 마침 내가 가르치기로 한 단원이 문학 단원이어서, 교과서 진도에 맞추어 문학작품을 감상하는 능력을 길러줄 만한 마땅한 책이 있는지 찾아보았다. 그러다 오래전 읽었던 《정민 선생님이 들려주는 한시 이야기》라는 책이 떠올랐다. 한시를 감상하는 방법을 아버지가 자녀에게 들려주듯이 쉽고

자상하게 가르쳐주는 책이었다. 동료 교사들에게 먼저 검토를 부탁한 후, 학교 예산으로 구입하여 1학년 전체 학생들에게 나누어주었다.

수업은 온라인으로 접속한 아이들이 돌아가며 책을 읽는 방식으로 진행하였다. 내가 한 아이를 지명하면, 이름이 불린 아이는 마이크를 켜고 들어와 한시를 낭독한다. 그런데 이상하게도 그 시간이 참으로 편안하고 한편으로는 뭉클했다. 시의 온도를, 만날 수 없어 더욱 애틋한 아이들의 목소리로 느꼈기 때문일까. 수업이 끝난 후 몇몇 아이들에게 물었더니, 자신들도 친구들의 목소리를 들을 수 있어서 좋았다고 했다. 그리고 한시가 이렇게 감동적인 것을 처음 알았다고 했다.

한번은 이런 일이 있었다. 재택근무 기간에 우리 집 거실에서 수업을 진행한 일이 있다. 마침 율곡 이이의 〈매초명월〉(매화나무 가지 끝에 걸린 달)이라는 한시를 읽고 있었다. 눈 속에 핀 매화를 보며 마음이 씻기는 듯하다는 내용의 시였다. 그런데 갑자기 한 학생이 마이크를 켜고 말했다.

"선생님! 밖에 진짜로 눈 와요."

창밖을 내다보니 정말 함박눈이 펑펑 내리고 있었다.

"얘들아, 창밖을 봐. 진짜 눈 오네. 지금 배우는 한시랑 분위기가 너무 비슷하다. 그렇지?"

자연과 시의 아름다움이 조화를 이룬, 서로의 마음이 교감을 나눈, 잊지 못할 수업 시간이었다.

고등학교 국어 수업은 내신과 진도에 대한 부담으로 이런 수업을 진행하기가 쉽지 않다. 실시간으로 좋은 책을 함께 읽는 마법 같은 시간을 가질 수 있었던 건 나에게 큰 행운이었다.

알사탕 독서 프로그램

《알사탕》이라는 그림책이 있다. 항상 혼자서 노는 아이 동동이가 우연히 문구점에서 산 알사탕. 그런데 그 알사탕에는 마법의 힘이 있어, 입안에 넣으면 가까이 있는 사람이나 사물의 마음이 보이고 들린다. 맨날 찌그러져 있는 소파, 하루하루 힘겹게 살아가는 고단한 아빠, 돌아가신 할머니, 또 다른 외로운 아이…….

책도 잠시나마 그런 알사탕의 역할을 하는 게 아닐까. 누군가의 마음을 들여다보는 것 말이다. 알사탕 하나를 입안에 머금고 천천히 그 맛을 음미하듯이, 책 읽기도 그렇게 해보자는 취지로 나는 '알사탕 프로그램'을 만들었다.

지난 겨울방학에 보건 의료 분야에 관심 있는 아이들과 《청년 의사 장기려》라는 책을 매주 한 시간씩, 실시간 온라인 수업을 통해 조금씩 읽었다. 아이들은 이 책을 통해 진정한 의료인의 모습에 대해 많은 감동과 깨달음을 얻은 듯했다. 감동을 받아 눈물까지 흘렸다는 메시지를 보내온 아이도 있었다. 한 권의 좋은 책이 사람의 마음을 이렇게 울릴 수 있다는 것을 다시 한번 느꼈던 순간이었다. 그런데 신기한 것은, 방학 동안 매주 이 시간을 아이들보다 내가 더 기다렸다는 사실이다.

이번 여름방학에 아이들과 읽은 책은 《알로하, 나의 엄마들》이었다. 하와이에 사진 신부로 간 세 명의 친구들이 겪는 아픔과 상처, 그리고 연대에 대한 이야기이다. 한여름 무더위 속에서 들려오는 아이들의 목소리와 감동이 여름의 고단함을 잊게 해주었다.

여름방학이 끝난 후, 점심시간에 두 학생이 머뭇거리며 내 자리로 다가왔다.

"저, 선생님."

"응, 누구? 무슨 일로 왔니?"

"제가 지현(가명)이에요."

"아, 나랑 방학 때 같이 책 읽었던 학생이구나!"

"네, 방학 때 선생님이랑 같이 책 읽어서 너무 좋았어요. 그래서 선생님께 감사하다고 인사드리러 왔어요."

아, 난 그때 내 교직 생활을 통틀어 가장 행복한 희열을 느꼈다. 바로 이 순간을 위해 내가 책 읽기를 하는 게 아닐까.

아이들과 책 읽기 프로그램을 하면서 염려스러운 부분도 많고 이것저것 자잘하게 챙겨야 할 일도 많지만, 이 일을 계속할 수 있었던 것은 어김없이 찾아오는 아이들의 따뜻한 반응 때문이었다. 좋은 책을 함께 읽으면서 누릴 수 있는 공감과 위로, 용기. 혼자 대충 읽어버리면 미처 느낄 수 없는, 이야기가 주는 묘미.

아이들과 함께 읽을 수 있는 책들이 아직도 수없이 많다는 사실이 새삼 감사하고 다행이라는 생각이 종종 든다. 또한 책은 혼자 읽는 것보다 여럿이 읽으며 그 감동을 나누는 것이 몇 배나 더 좋다는 것을 알게 된다. 그리고 생각의 끝에서, 내가 아이들과 이런 프로그램을 함께할 수 있음에 너무도 행복해하고 있음을 깨닫게 된다.

정말 혁신학교여서 가능했던 것일까?

나는 이곳에서 정말 원 없이 책 읽기 활동을 하고 있다. 그것이 가능했던 원동력은 무엇이었을까? 내 나이가 쉰이 넘어, 이제 남 눈치 안 보고 내 맘대로 가르치려는 아집을 밀고 나갈 수 있어서인가? 20년 넘게 변함없이 꿈꿨던 것이 이제야 이뤄진 것인가?

그것만은 아닌 것 같다. 만약 동료 교사나 학부모, 관리자, 학생들이 나를 지지하고 공감해 주지 않았더라면, 나는 몇 번 시도하다가 겁을 먹고 도중에 그만두었을 것이다.

나는 지금도 여전히 책 읽기에 종종 실패한다. 독서교육을 처음 시작하던 그때와 별반 달라진 게 없는 것 같다. 오히려 책 읽기를 싫어하는 학생들이 더욱 많아져서 예전보다 더한 어려움에 처할 때도 많다. 하지만 그럼에도 이 활동을 계속할 수 있는 이유는, 우리 학교가 혁신학교이기 때문일 것이다.

첫째로, 나와 비슷한 생각을 하는 동료 교사들이 많다. 내가 책 이야기를 풀어놓으면 그 내용을 귀 기울여 들어주고, 직접 읽어보는 동료들이 주변에 많다. 지난 겨울방학에 《청년 의사 장기려》를 읽을 때는 우리 학교의 보건 선생님도 참여하여 함께 읽었다. 의료와 관련한 아이들의 궁금증을 그때그때 풀어주기도 했다. 《다산의 아버님께》를 함께 읽은 지리 선생님은 다산의 아들이 아버지를 만나러 가는 여정을 구글 어스 지도로 표시하여 입체적으로 만들어주었다. 나의 책 읽기 수업을 눈여겨본 한 선생님은 다른 학교에 가서 이 수업 방법을 시도해 보았다고도 했다. 방학 동안 매주 아침 8시에 아이들을 온라인으로 만나 《열하일기》를 읽었다고, 덕분에 자신도 아이들도 연암 박지원의 팬이 되었다는 메시지를 보내왔다.

둘째, 관리자나 동료 교사와의 갈등이 거의 없다. 혁신학교는 '교사와 학생이 함께 배우고 성장하는 학교, 한 명의 아이도 소외되지 않는 교육'을 지향한다. 그래서 내가 교과서 대신 책으로 수업을 한다 해도, 그 의도를 설명하면 만류하거나 지적하지 않는다. 이전 학교에서는 저자 특강이나 책 읽기 프로그램을 진행하면 예산이나 진행 방식, 도서 내용 등을 문제 삼아 계속 의지를 꺾어놓는 경우가 많았다. 그런 일을 몇 번 겪으면, 결국 여러 사람 눈치를 보다가 '에이, 차라리 안 하고 말지.' 하는 생각이 들게 마련이다. 하지만 이곳에서는 '혁신'이라는 울타리가 다양한 활동을 보호하고 지지해 준다.

셋째, 아이들의 반응이 좋다. 우리 아이들은 과도한 사교육 경쟁에서 비교적 자유로운 편이다. 이 때문에 선행학습이나 문제 풀이식 수업에 익숙하지 않다. 처음에는 나도 이전 학교에서 하던 방식대로 수업을 진행해 보았으나, 금방 흥미를 잃고 딴짓을 하거나 조는 경우가 많았다. 교사가 일방적으로 설명을 하기 시작하면 이내 지루해한다. 그래서 자연스럽게 지금까지의 전달식 수업을 이곳에서는 할 수 없다는 것을 깨달았다. 학생 참여 수업을 진행한 것은 사실 나의 자발적인 교육 의지라기보다는, 아이들의 상황에 맞추다 보니 선택할 수밖에 없는 수업 방식이었다. 그런데 놀랍게도 학생 참여 수업으로 전환하자 수업에 집중하지 못하는 경우가 대부분 사라졌다. 나는 학생 참여 수업을 진행하면서 많은 가능성을 보았다. 아이들의 생각하는 힘은 정말 대단하다. 한번은 단편소설을 읽고 질문을 만들어 이야기를 나누는 수업을 한 적이 있는데, 학생들이 제시한 문제나 질문, 발표 내용을 보고 정말 감동해서 '내가 너희들한테 오히려 더 많이 배웠다.'라고 고백한 적도 있다. 그런 수업을 몇 번 하고 나면 아이들의 눈빛도 달라지고, 자신감과 문제해결력도 쑥쑥 자라는 것이 느껴진다.

넷째, 혁신학교에는 배려가 있다. 이 글의 첫머리에서 언급한 것처럼 혁신학교는 회의도 많고 학생 참여 수업도 많다. 무엇 하나 미리 정해지는 법이 없고, 모든 안건을 교사, 학생, 학부모가 함께 토론하고 결정하다 보니 항상 시간이 부족하고 마음이 급하다. 그런데 이런 과정을 겪다 보면 그제야 다른 사람의 마음이 보이고, 충분히 의견을 주고받는 과정에서 바람직한 방향이 서서히 보이기 시작한다. 나는 이 과정이 서로에 대한 '배려'로 느껴진다. 이는 서로 얼굴을 맞대고 소통하기에 가능한 것이다.

여전히 혁신학교에 대한 선입견과 의구심을 가지고 있는 사람들이 많다. 물론 매일 신나고 즐겁기만 한 곳이라고 말할 수는 없다. 때로는 긴장되고, 때로는 부담스럽고 불편할 때도 있다. 하지만 설레고 뿌듯한 경험을 많이 할 수 있는 곳임은 틀림없다.

나는 혁신학교를 이렇게 정의하고 싶다. 관계와 소통, 연결이 주는 힘이 있는 곳. 경력 25년이 넘어서야 이제야 겨우 그 힘을 조금씩 깨닫고 있다. 우리는 혼자 살 수 없다는 것, 누군가 곁에 있어야 서로 힘을 얻고 함께 행복해질 수 있다는 진실을 혁신학교가 일깨워주었다. 나이가 들어 체력은 달리고 순발력도 떨어지지만, 혁신학교에서 찾은 이 살아있다는 느낌이 좋아서 나는 매일 아침 출근길이 즐겁다.

그런데 문득 다시 한번 생각하게 된다. 정말 이런 수업이나 활동은 혁신학교라서 가능했던 것일까? '소통'과 '연결'이 된다면 일반 학교에서도 얼마든지, 당장이라도 가능하지 않을까? 그래서 나는 마지막으로 이렇게 말하고 싶다.

소통과 공감, 연대가 가능하다면 그 학교가 바로 혁신학교라고.

행복했던 실패와 머위에 대한 늙은 교사의 이야기

김추령

신도고등학교

나는 교사다. 31년 동안이나 교사였다. 지금은 두 번째 혁신학교에 근무 중이다.

두 번째 혁신학교를 찾아들면서, '아, 그렇지!' 했다. 꿈을 꾸고, 그 꿈을 응원하는 동료들이 있는 곳, 혁신학교. 빠져나가던 콜라겐으로 세포가 다시 채워지는 느낌이었다. 길을 만들며 사는 일이 녹록하진 않지만, 멈추지 않고 꿈을 꾼다. 어렵고 힘든 가운데도 살아있음을 확인한다.

아이들의 작은 성장에도 커다란 기쁨을 맛보는, 우리는 교사다. '참, 맛 있다. 삶이.'

외로움, 홀로

산책길에 만난 어느 미술관. 그날 마주한 작품이 마음에 남는다.

　빈 의자가 있다. 그리고 그 의자 맞은편에는 대형 거울이 비스듬히 놓여있다. 빈 의자가 비친 거울에는 두 명의 여인이 무표정한 얼굴로, 한 명은 의자에 앉아있고 다른 한 명은 기대어 서있다. 천장의 팬이 거울 각도 때문에 왜곡된 모양으로 걸려있다. 현실의 의자에는 여인들이 없다. 거울이라는 왜곡된 현실 속에서만 의자의 주인이 존재한다. 이 그림의 제목은 '페르소나'이다.

　내가 뱉어낸 말은 가면이 되어 나를 규정하고 가둔다. 닫힌 공간은 허하고 빛은 실종된다. 나를 둘러싼 사람들에게 진짜 나를 보여주지 못한다. 나의 말은 나의 페르소나가 되어 나를 규정하고, 외로움은 다시 무리 속에서 진하게 달여지고 졸여진다.

　현실은 항상 거절당할까 두려워하는 시간이다. 누구나 다 그렇듯이. 심지어 까르르 뒤로 넘어가며 웃는 아이들에게도 거절은 두려움이다. 그 두려움 때문에 누구는 팔뚝에 지워지지 않는 칼금을 그어대고, 누구는 잠의 중독에 빠져버린다. 책상인지 아이인지 구분할 수 없는 혼돈의 상황은 배제의 두려움이 만들어낸 거울에 비친 상이다. 우리는 거울에 갇혀버린다. 학생이나 교사나 모두.

행복했던 실패

미친 듯이 마음을 쏟아냈던 때가 있었다. 교내 흡연으로 적발되어 온 아이가 재수 없다면서 교무실을 나가며 피운 담배로 다시 불려오고, 또 불려오고. 그날 그 아이는 세 번이나 같은 이유로 교무실에 왔다. 그런 그 아이와 무리를 지어 다니는 아이들도 적지 않았다. 혁신학교로 개교를 한 첫해였다.

그 아이들을 모아 이런저런 시도를 하다가, 4년째부터는 아예 기존 교육과정을 따라가지 못하는 아이들만을 위한 학급을 구성했다. 그리고 그 학급을 위해 별도의 교육과정을 수립하고 정규 학급으로 편성했다. 시스템을 구축한 것이다. 일반 선택 과목군인 국어, 영어, 수학은 지역사회에서 아이들을 이해하고 품으며 수업을 할 수 있는 전문가들을 강사로 모셔서 코티칭 형태의 수업을 진행했고, 나머지는 심화 선택 과목으로 그 학급에만 개설되는 과목을 편성해 운영하였다. 전담 상담교사도 모셨다.

그리고 이후 2년 동안 난 거의 매일 울었고, 꿈을 꾸지 않는 날이 없었으며, 하루하루 기를 쓰고 버텨야 했다. 아이들의 절망적인 상황이 안타까워 눈물을 흘렸고, 학교에 며칠씩이나 모습을 드러내지 않는 아이들이 어딘가 비정상적인 상황에서 두려워하고 있는 꿈을 꾸었고, 그 아이들에게 내가 그들의 편임을 설득하기 위해 기를 썼다.

그렇게 보낸 2년은 한마디로, 감동이었다. 아이들의 긍정적인 변화를 마주했고, 그런 자녀에게 다시 손을 내미는 부모들의 귀환을 맞이했다. 치명적 단절을 막아내던 시간이었다. 당시 아이들이 남긴 변화의 기록을 몇 편 소개한다.

김수민(가명)

직업반에 들어온 지 8개월이 지났다. 그동안 많은 게 변한 것 같다. 갑자기 철이 든 것 같기도 하다. 학교생활도 더 편해졌다.

나는 예전에 비해 많이 차분해졌다. 시간이 지날수록 변해가는 나와 친구들의 모습이 신기하다. 하나둘 목표가 생기는 것도 보기 좋다. 직업반에 들어오길 잘했다.

성수현(가명)

나는 내가 생각해도 참 문제가 많은 학생이었다. 하지만 좋은 담임선생님을 만나 착해지고 있다. 신기하다. 몇 개월 전만 해도 난 정말 못돼먹은 아이였다. 하지만 나를 그렇게 생각하지 않는 사람 때문에 변하고 싶었고, 지금 난 변해있다. 나를 믿어준 담임선생님이 너무 고맙다. 나 같은 아이를 믿어주셨고 지금의 나를 만들어주셨기 때문이다. 선생님이 아니었다면 난 지금 다른 학교에 갔거나 자퇴를 해서 일을 하고 있을 것이다. 이것이 다른 건 다 까먹어도 평생 기억에 남을 2학년 중 가장 소중하고 좋은 추억이다.

정이민(가명)

처음 고등학교 생활을 시작할 때는 앞이 캄캄했다. 내가 왜 이 자리에 앉아있어야 하는지 이유를 몰랐다. 하지만 2학년이 되고 직업반에 들이와 '우리'라는 공동체를 배우면서 점점 생각이 바뀌기 시작했다.

차혜인(가명)

나는 원래 표현이 서툰 편인데, 직업반에 들어와 남을 배려해 말하는 방법을 배우기 시작했다. 또 선생님은 그저 있는 듯 없는 듯한 사람일 뿐이었는데, 시간이 지나고 마음을 나누며 선생님이 소중해졌다. 다른 사람들에게도 변했다는 칭찬을 많이 듣게 됐다.

2학년이 되고서는 너무 좋은 추억이 생겼다. 처음 반 친구들과 MT라는 걸 가서 우정을 나누고, 감정을 공유할 수 있었던 것이다. 그 시간이 벌써 다 지나간 게 너무 아쉽다. 이 소중한 순간을 끝까지 잘 마무리하고 싶다.

윤수빈(가명)

직업반에 올라오기 전까지 나는 정말 많이 방황했다. 직업반에 올라와서도 처음에는 담임선생님이 다가오시는 게 어색했다. 선생님은 내가 아르바이트를 하고 있을 때 도넛을 사서 친구들과 함께 찾아오시기도 했다. 나는 그때 선생님을 차갑게 내몰았었다.

그러다 '날 위해 이렇게까지 노력해 주는 선생님이 또 있을까?'라는 생각이 문득 들었다. 나는 그때부터 마음을 다잡게 되었다. 학교에도 잘 나갔고, 공부는 하지 않더라도 선생님, 친구들과 대화도 많이 나눴다. 그러다 보니 점점 마음이 편해졌다. 누구에게도 이해받지 못할 줄 알았는데, 손을 내밀어주는 사람이 주변에 많았다는 것도 알게 되었다.

남은 시간 동안 선생님을 실망시키지 않고, 끝까지 변화된 모습을 보여드리고 싶다.

그러나 아이들의 이러한 변화에도 불구하고 나는 그 학교를 떠날 때 내가 실패했음을 인정해야 했다. 정규 교육과정이었던 그 학급은 운영을 중단했고, 다시 과거처럼 부분적 프로그램 결합 방식으로 돌아갔다. 가장 큰 이유는 과도한 헌신을 요구하는 그 학급의 담임을 맡을 교사가 없다는 것이었다.

　　물론 학교의 인지도가 올라감에 따라 구성원도 변화가 생겨 별도의 학급까지 구성해 운영해야 할만한 아이들이 많지는 않았다. 하지만 지속성을 담보하는 것이 그 교육활동의 가장 큰 특징임에도 그러지 못했다. 어떤 상황이든 도움의 손길을 집중적으로 필요로 하는 학생들은 있다. 그 정도가 달라질 수는 있지만 말이다. 학교를 떠나면서 나는 곰곰이 생각해 보았다. 가장 큰 실패의 원인은 무엇이었을까?

　　정답은 '나 홀로'였다. 나는 이 일을 혼자 했었다. 지역사회와 연결하기는 했으나 학교 안에서는 마치 하나의 큰 섬처럼 움직였다. 동료 교사들의 지지가 없는 것은 아니었지만, 멀리서 보내는 응원이었다. 함께 학급 운영을 고민하고 시간을 내어 의견을 모으고 집행이 되도록 힘을 실어주는 것은 아니었다. 아니, 어쩌면 부정적인 의견을 받을 것이 두려워 스스로 벽을 만들어 섬이 되었는지도 모르겠다. 당시 대안 학급 운영에 대해 '역차별'이라는 의견을 제시하는 교사들도 있었으니까.

　　왜 나는 스스로 섬이 되길 선택했을까? 왜 나는 도움을 청하지 못했을까? 왜 나는 거절을 두려워했을까? 위와 같이 극단적인 사례는 아니더라도, 우리는 학교에서 비슷한 '외로움'을 경험하지 않는가?

리좀을 발견하다

내가 사는 집 마당에는 머위가 자란다. 머위는 뿌리를 깊게 내리지 않는다. 대신 뿌리를 사방으로 뻗으며 자란다. 수평으로 뻗은 뿌리에서는 다시 새로운 머위가 싹을 틔운다. 이렇게 머위는 모두 연결된 하나의 개체이다. 그러나 각각은 자기만의 줄기와 잎을 가지고 있다.

　머위는 위와 아래가 없다. 나무처럼 뿌리, 줄기, 가지, 잎이 수직적인 체계를 가지고 정리되어 있지 않다. 그러나 나무 못지않은 생명력을 가지고 있다. 폭설에 덮인 겨울을 이기고 봄이 와 햇살이 내리쬐면 작은 잎들이 돋아난다. 그리고 북풍이 불어오는 초입의 겨울까지 계속 번성한다. 다시 다음 해의 봄에도 어김없이 싹을 틔운다.

　프랑스 후기의 근대주의 철학자 들뢰즈는 '리좀(rhizome)'이라는 뿌리줄기 체계를 빌어 인간과 사회를 분석하였다. 그의 철학을 '리좀학'이라고 부르는 철학자도 있다. 들뢰즈는 리좀의 철학으로 기존의 관습적으로 이어져 온 사회를 비판하고 해부한다. 가부장적 문화, 남성 우월주의, 성소수자에 대한 편견 등 차이를 인정하지 않고 배제하는 권력을 비판하고 해부하여 다시 리좀적으로 연결하고 욕망한다. 그는 세상을 구성하고 있는 기본은 동일성이 아닌 차이라고 말한다. 그리고 그러한 우리의 존재가 또 다른 차이를 수용하고 인정하며, 그 안에서 새로운 차이를 싹틔운다.

　마당을 정리하다가 경계를 넘은 머위의 뿌리를 들어낸다. 연결된 전부를 들어내는 것은 불가능하기 때문에 적당한 지점에서 타협을 한다. 뚝 끊어내어 파낸다. 하지만 시간이 지나면 그곳에 다시 머위가 자란다. 잘린 곳에서부터 다시 리좀은 재생하여 뻗는다. 그래서 처음이나 끝의 구분도 없다. 경계가 사라지고 수평의 연대만이 강하게 작동하고 있다. 교실에서 융합 수업이 이루어지는 것은 이러한 리좀에 비유할 수 있을 것이다.

나의 행복한 실패는 수직적 체계인 시스템 안에서만 문제를 해결하려 한 것이 원인이라 볼 수 있다. 대안 학급이 원래의 시스템 안에 있던 것이었다면 별 저항 없이 이어졌을 수도 있다. 하지만 대안 학급의 특성은 이질적인 섬이다. 이 섬이 육지로부터 배제된 섬이 되지 않게 하기 위해서는 공감과 지지와 연대를 바탕으로 성찰하고, 새로운 개체를 만들어내는 제대로 된 욕망이 필요했던 것이다. 나에게는 다른 상상이 필요했었던 것이다.

행복했던 실패 후에

나는 이후 교육의 지속성에 대해 고민하게 되었다. 궂은일을 도맡아 하던 교사 한 명이 학교를 떠나게 되면 그 교사가 했던 혁신의 내용마저 함께 전근을 가버리는 것을 경험했기 때문이다.

조직에는 당연한 수직적 체계가 있다. 위계질서 아래에서 효율성과 업무의 성과, 비용편익을 분석하게 되는 구조이다. 일명 '관료제'라고 불린다. 근대 교육의 상징인 학교는 가장 효율적인 관료제 시스템 덕에 여러 세대를 거치고 여러 변화에 굽이치면서도 그 틀이 흔들리지 않고 유지될 수 있었다.

하지만 학교에는 관료제가 통용되지 않는 부분이 있다. 바로 수업이다. 배움이 일어나는 현장이다. 이곳에는 수직적인 시스템의 효율성을 가지고 올 수 없다. 우리는 교육을 백년지대계라고 말한다. 또 아이 하나를 키워내기 위해서는 온 마을 사람들의 힘이 필요하다고도 한다. 그러니 배움과 성장이 일어나는 교실은 시장에서 가장 형편없는 불량 사업체인 셈이다. 아이들의 성장과 변화가 일어나는 '배움'의 학교는 새로운 것을 요구한다. 그래서 관료제 시스템 너머의 무언가를 찾아야만 하는 것이다.

나는 늙은 교사다. 그럼에도 30년이 넘도록 매년 새롭게 교재 연구를 한다. 물론 내 기억력이 좋지 않아서 그러는 것일 수도 있고, 전공 과목에 대한 충분한 학습이 이루어지지 않아서 그러는 것일 수도 있겠다. 그러나 그보다 큰 이유는 '매년 다른 학생들을 가르치기 때문'이다. 시스템에서 추구하는 효율성을 이루는 기본 중 하나는 표준화이다. 하지만 우리가 학교에서 만나는 아이들은 전기 콘센트 모양처럼 표준화, 규격화되어 있지 않다. 한 명 한 명이 저마다의 개성을 가지고 있다. 그리고 이것은 우리가 학교에서 관료제 시스템 너머의 무언가를 찾아내야만 하는 이유가 된다.

갈증 - 재크의 콩나무

나는 수업을 하며 갈증을 느낀다. 내가 진짜 원하는 것은 아이들이 스스로 변화의 동력이 되는 것이다. 스스로 배우고 생각하며, 자유롭게 의식의 흐름이 일어나도록 하고, 그 흐름을 스스로 발견해 내는 것이다. 많은 훈련과 시간이 필요한 일이다.

그래서 자연스럽게 토론 수업에 관심이 갔다. 자신의 생각을 발견하고 상대방의 이야기를 들을 수 있는 능력을 키우면서 그를 통해 발견한 생각을 다시 발전시키는 토론 수업은 아이들이 배움의 주체가 될 수 있는 방법 중 하나이다.

토론 수업을 하다 보면 토론의 깊이라는 문제를 만나게 된다. 그 깊이는 단일 교과에서는 해소할 수 없다. 토론이 진행되면 사고가 확장되고 문제의 영역이 자연스럽게 넓어진다. 여러 교과목이 함께 만나야 하는 것이다. 그래서 함께할 동료 교사를 찾게 된다. 과목이 정해져 있는 것은 아니다. 뻗어 나가다가 어느 과목을 만나도 좋다. 물론 해당 과목의 교육과정에 분명하게 포함되어 있는 주제라면 더욱 좋겠지만, 외연은 얼마든지 넓어질 수 있다. 다양한 교사들과 함께 모여 계획하고, 학습하고, 또 성찰하며 새로운 배움이 도약할 수 있는 지점들을 발견한다. 그리고 다시 또 뻗어 나간다.

오래전 티벳을 여행하던 때였다. 나는 티벳 승려들의 학교 세라사원에서 승려들이 토론의 난장을 벌이고 있는 광경을 목격했다. 그들은 춤을 추듯 토론을 했다. 자신의 생각을 실어 질문을 하고 박수를 쳤다. 상대방에게 응답을 요청하는 것이다. 그들이 벌이는 토론의 난장에서 재크의 콩나무가 쑥쑥 자라는 것을 보았다. 순식간에 하늘에 가 닿는 배움의 도약이 일어나고 있었다. 우리의 학교에도 재크처럼 하늘에 가 닿은 콩나무를 타고 올라갈 용감한 아이들이 있다.

토론을 하기 위해서는 여러 생각 근육들이 필요하다. 멋진 근육을 갖기 위해서는 그만큼의 운동이 필요하다. 토론도 마찬가지이다. 아무것도 없이 토론이 일어나지는 않는다. 토론의 핵심은 잘 듣고 스스로 말하는 모두의 참여이다. 수준이 다른 여럿이 있을 때는 몸풀기부터 한다. 동일한 토의를 반복하는 것이다. 그렇게 해서 함께 정점에 오른 집단지성은 스스로 자라는 생명체가 되어 각자의 생각을 더 크고 단단하게 한다.

이런 수업을 하고 나면 뿌듯함을 느낀다. 아이들과 통했고, 함께한 교사들과도 통했다. 그리고 이런 일이 반복되면 교사들도 서로를 통해 배우고 있다는 것을 깨닫게 된다. 이 과정에서 자연스럽게 교원 학습 공동체라는 틀을 만난다.

위와 같은 일이 일상이 되려면 어떻게 해야 할까? 학교는 일회용이 아닌, 전승되고 계승되는 오래된 이야기와 같은 문화가 필요하다. 문화는 다음 세대로 전해지면서 계속 새로운 문화가 더해진다. 나는 교원 학습 공동체가 바로 그 문화를 창조하고 전승하는 틀이 되었으면 좋겠다.

교원 학습 공동체는 물드는 것이다

최근 경험한 교원 학습 공동체에서 그 작동 방식을 깨달았다. 교원 학습 공동체는 물드는 것이다.

언젠가부터 마을이라는 곳이 학교교육의 또 다른 장으로 거론되고 있다. 그러나 마을이라는 매우 구체적인 개념은 학교교육으로 들어오면 추상화되어 버린다. 도대체 마을이란 뭘까? 마을은 학교와 어떤 관계가 있을까? 이 궁금증을 해소하기 위해 동료 교사들과 교원 학습 공동체를 꾸리게 되었다.

처음에는 무엇을 어떻게 시작해야 할지 몰라 우왕좌왕하다가, 우선 우리 마을부터 답사해 보자는 의견이 나왔다. 혁신지구에서 일하는 마을 일꾼을 초청하여 가이드를 부탁했다. 그리고 아무런 준비 없이 가이드가 짠 코스대로 더운 여름 방학 동안 두 번의 답사를 다녀왔다. 그런데 그 답사에서 우리는 예상치 못하게 가슴이 일렁이는 것을 느꼈다.

마을을 구성하고 있는 아주 작은 공간에도 시간이 머물러 있었다. 그 공간을 만들기까지 실패와 좌절을 딛고 포기하지 않았던 사람들의 노력이 녹아있었다. 마을을 궁금해하며 마을을 찾자 마을이 모습을 드러내었다. 우리는 아이들에게 마을이 가지고 있는 무엇을 전달해야 할지 함께 느끼고 있었다. 같은 감정을 동시에 느끼자 텔레파시의 주파수가 맞은 것처럼 모두가 움찔했다. 그리고 그 순간, 서로를 바라보며 짓는 미소를 통해 우리는 같은 색으로 물들었다.

답사 후 이가 시린 빙수를 먹으며 우리가 느꼈던 것을 아이들에게 어떻게 전달해야 할지 이야기를 나눴다. 물론 곧바로 실행되기는 어려울 것이다. 더 구체적이고 체계적인 계획과 학습 내용이 준비되어야만 하기 때문이다. 그러나 우리는 이 경험을 통해 우리가 같은 곳을 바라보며 함께 갈 수 있다는 생각을 했다. 마을에 숨 쉬고 있는 문화처럼, 그곳에 여전히 어려있는 시간처럼, 그렇게 하나의 공동체를 이루어 만든 마을처럼. 우리도 하나로 물들고 있다는 것을 느낄 수 있었다.

시스템이 감염되었다

새로운 혁신 문화가 기존의 낡은 시스템을 조금씩 바꿔나가고 있다. 중간 관리자인 부장들의 회의에서도 답습을 넘어 새로운 시도를 꿈꾸고 있다. 혁신학교여서 가능한 부분이다. 학교의 최고 관리자가 민주적 의견 수렴을 강력하게 지키고 있는 혁신학교라서, 부장 회의가 제 역할을 하기 시작하는 것이다. 그렇게 서서히 그 하위의 조직들도 같은 방향의 변화를 맞이할 것이다.

　물론 변화란 두려움을 동반한다. 나 역시도 하루하루가 두렵다. 나만의 세상에서 가장 안락한 거주자로 살기를 여전히 희망한다. 하지만 이제 그것은 불가능한 일이다. 변화는 이미 시작되었기 때문이다.

　오늘의 시간만큼 또 나는 동료들에게 물들 것이다. 나 또한 그들에게 내어줄 마음 한 칸을 준비하며, 오늘도 출근 준비를 한다.

질문을 갖고 떠난
여행 이야기

김영선
오디세이학교*

첫 학교에 발령받은 지 20년이 되던 해에 서울형 고교 자유학년제 학교인 오디세이학교로 옮겨와 아이들을 만나고 있는 영어 교사이다. 교과 교사를 넘어 길잡이 교사라는 새로운 역할까지 해야 하는 오디세이학교를 선택하는 것이 처음에는 두렵기도 했지만, "Get out of your comfort zone."을 모토로 삼고 도전하였다. '삶의 의미와 방향을 찾아가는 교육 원정대' 오디세이학교에서 다양한 빛깔의 열일곱 살 아이들을 만나며 교육은 다름 아닌 '관계'임을 느꼈다. 기회를 마련해 주면 아이들이 정말 많은 것을 해낼 수 있다는 것에 매번 놀라고, 그들의 성장기에 작게나마 기여할 수 있음에 행복감을 느끼며 살아간다. 우치다 타츠루의 표현을 빌리자면, '나 자신을 이전보다 더 넓은 지도 안에서, 이때까지보다 더 높은 곳에서 조감하는 경험'을 이곳에서 하면서 교사로서의 나를 계속 발견해 나가고 있다.

* 김영선 선생님이 근무하는 오디세이학교는 서울특별시교육청 일반계 고등학교 1학년을 대상으로 전환 교육을 실시하는 학교로, 혁신학교는 아니지만 배움의 주체로서의 학생, 함께 성장하는 교사, 함께 만들어가는 민주적 공동체를 지향하는 혁신학교의 정신이 또 다른 형태로 실현되는 학교이다.

이게 바칼로레아 문제인가요?

"죽음 뒤에는 또 다른 삶이 있을까?"

"철이 든다는 것은 무엇일까?"

"도덕이란 왜 존재하는 것일까?"

"자유란 무엇일까? 또 자유의 범위는 어떻게 설정해야 할까?"

"진리라는 것은 무엇인가? 진리는 존재하는가?"

"답이 있는 질문과 없는 질문, 무엇이 더 소중하고 가치 있는가?"

"노력이 재능을 넘을 수 있을까?"

"고난과 역경을 어떻게 받아들여야 성장을 이끌어낼 수 있는가?"

이 질문들을 보고 한 동료 교사가 물었다.

"이게 바칼로레아 문제인가요?"

프랑스의 논술형 대입 자격시험인 바칼로레아는 단순한 지식의 양을 측정하거나 주어진 선택지 가운데 올바른 답을 '고르는' 시험이 아니라 '생각하는 능력'을 보는 시험으로 유명하다. 특히 바칼로레아의 철학 시험은 네 시간 동안 세 가지 주제 중 하나를 골라 자신의 생각을 쓰는 것으로, 시험의 논제는 그 자체로 사회적 이슈가 되어 매년 시험이 끝나고 나면 프랑스 전역에서 토론과 논쟁이 벌어진다. '욕망은 무한한 것인가?', '타인을 심판할 수 있는가?', '모든 사람을 존중해야 하는가?'와 같은 논제로 언론매체에서 토론회를 열기도 하고, 학자와 시민들이 강당에 모여 서로의 생각을 묻고 답하는 등 프랑스에서는 대입 자격시험의 문제가 온 국민의 관심사가 되는 것이다.

다섯 개의 보기 중 정답을 고르는 연습만을 반복해 온 우리나라의 고등학생이 위와 같은 질문을 시험에서 마주친다면 매우 당황할 것이다. 그런데 실은 위의 질문들은 바칼로레아의 문제를 모은 것이 아니라, 열일곱 살 오디세이학교 민들레 캠퍼스의 학생들이 학교 교육과정 중 하나인 '질문을 갖고 떠나는 여행(이하 질문 여행)'을 준비하면서 던진 질문들이다.

오디세이학교는 공교육 정상화를 위한 대안적 모델로 출발한 서울형 고교 자유학년제 학교이다. 배움과 삶이 분리되어 학습의 흥미와 욕구가 저조한 현실에서 학생들을 자발적 배움의 주체로 서게 하고, 창의적 진로 개척 역량을 함양시키며, 더불어 살아갈 수 있는 민주시민으로 키우는 것을 목적으로 삼고 있다. 정답만을 암기하는 교육이 아닌 스스로 생각하고 판단하며 정답을 만들어나가는 교육을 실천하고 있다는 점에서 바칼로레아 교육과 닮아있으니, 오디세이학교의 학생들이 만든 질문들이 바칼로레아 문제와 닮아있는 것은 어찌 보면 자연스러운 결과이다.

질문 여행은 오디세이학교 민들레 캠퍼스에서 매년 10월 진행하는 배움의 시간이다. 학생들이 가지고 있는 인생에 대한 질문, 자신의 진로와 관련된 질문, 사회에 대한 질문, 배움의 과정에서 새롭게 생겨난 질문 등 다양한 질문을 가지고 그 답을 찾아 떠나는 여행이다. '여행'이기에 답을 찾을 수 있는 장소로 떠나는 실제 여행이 되기도 하지만, 질문에 대한 답을 들을 수 있는 멘토를 만나 인터뷰를 하는 형태의 상징적인 의미의 여행이 되기도 한다.

왜 '질문'인가?

'왜 질문을 해야 하는가?', '질문이 왜 중요한가?'에 대한 답은 사실 고대 그리스부터 이미 수없이 논의해 왔다. 소크라테스는 "인간이 지닌 최고의 탁월함은 자기 자신과 타인에게 질문하는 능력이다."라고 했으며, 플라톤은 "올바른 질문이 좋은 답보다 더 중요하다."라고 했다. 아인슈타인은 "질문이 정답보다 중요하다. 곧 죽을 상황에 처하여 목숨을 구할 방법을 단 한 시간 안에 찾아야만 한다면, 55분은 올바른 질문을 찾는 데 사용할 것이다. 올바른 질문을 찾는다면, 답을 찾는 것은 5분이면 충분하다."라고 하였으며, 스탠포드대학교 교육대학원 부학장이자 최고 기술 책임자(CTO)인 폴 킴 교수는 "질문하지 않는 사회는 무서운 사회다."라며 질문하는 문화의 중요성에 대해 역설했다.

이토록 질문이 중요하다는데, 한국 교육에서는 학생들에게 질문을 얼마나 허용하고 있으며 어떻게 질문하는 힘을 키워주고 있는가? 어린 시절 눈에 보이는 모든 것을 궁금해하던 우리 아이들은 상급학교에 진학할수록 점차 수동적으로 변해간다. 우리 모두가 다 알고 있는 한국 교육의 큰 문제점 중 하나이다. 지난 2010년 G20 서울 정상회의 폐막식에서 당시 미국 대통령 버락 오바마가 폐막 연설 후 한국 기자들에게 질문할 기회를 주었으나 한국 기자들이 아무 질문이 없자, 중국 기자가 대신 질문을 했던 장면을 담은 영상은 씁쓸한 우리의 현실을 적나라하게 보여주지 않았던가. 그로부터 10년 이상이 지났지만, 그때의 질문하지 않는 문화에서 우리가 얼마나 벗어났는지는 잘 체감되지 않는다.

그렇다면 어떻게 질문하는 문화가 만들어질 수 있을까? 앞서 소개한 스탠포드대학교의 폴 킴 교수는 "하루아침에 갑자기 멋진 작품이 나올 수 없듯이, 창의적인 질문이나 확장성을 가진 질문 역시 하루아침에 되는 것이 아니다."라고 하였다. 질문에도 훈련과 경험이 필요하며, 질문할 수 있는 기회를 많이 제공하는 환경에서 자라나야 질문을 잘할 수 있다는 것이다. 주어진 지식을 암기하고 주어진 시간 내에 올바른 답지를 정확하게 골라내는 것이 중요한 입시 위주의 교육을 거치면서 이미 수동적으로 변한 학생들에게 갑자기 질문을 해보라고 한들 적절한 질문이 나오기는 어렵다. 무엇이 궁금한지 생각해 볼 기회가 없었기에 딱히 궁금한 것도 없고, 설사 궁금하다 하더라도 묻고 싶지 않은, 혹은 물을 필요가 없는 상황에 처해 있는 것이다.

오디세이학교는 질문하는 문화를 만드는 것을 중요하게 여긴다. '배우는 법 배우기'를 중요한 화두로 삼고 학생들이 배우는 자로서 설 수 있도록 돕는데, 질문이야말로 배움의 출발점이며 핵심이기 때문이다. 오디세이학교의 학생들이 처음부터 앞서 소개한 질문들을 할 수 있었던 것은 아니다. 대부분은 토론 중심의 수업, 학생들의 발표와 참여가 활성화되어 있는 오디세이학교 교육과정 가운데 조금씩 질문할 기회를 부여받고, 자신은 생각해 보지 못한 질문을 친구의 질문을 통해 만나기도 하면서 스스로 질문하는 힘과 감각을 시나브로 기르게 된다. 이러한 시간을 거쳐 10월이 되어 맞는 질문 여행은 그야말로 본격적으로 세상에 대해, 자신에 대해, 배움에 대해 적극적으로 질문을 던지고 답을 찾는 기간인 것이다.

물론 그동안 기른 질문 감각이 있다고 해도, 질문 여행을 앞두고 자기 안의 막연한 궁금증을 정교화하여 구체적인 질문으로 빚기 위해서는 길잡이 교사들의 단계적인 안내가 필요하다. 질문의 중요성을 다시 되짚어 보는 것부터 시작하여 질문을 만들고 정교화하는 과정, 질문에 대한 답을 어디서 어떻게 얻을 수 있을지 탐색하는 과정, 답을 들을 수 있는 멘토와의 만남을 위한 섭외와 여행 계획에 이르기까지 질문 여행과 관련된 모든 과정은 2학기의 그룹 미팅 시간을 통해 차근차근 이루어진다. 그룹 미팅이란 오디세이학교의 학생들이 2~3개의 소그룹으로 나뉘어서 담당 길잡이 교사와 함께 한 주 동안의 수업과 일상에 대해 돌아보고 서로 피드백을 주고받기도 하며, 질문 여행과 같은 배움 활동을 함께 기획하기도 하는 모임이다.

학생들이 질문 여행을 준비하고 실행하는 과정을 이끌어보면, 질문에도 훈련과 경험이 필요하다는 것을 실감한다. 질문의 중요성에 대한 설명을 듣는다고 해도, 아무 질문도 떠오르지 않아 난감해하는 학생들이 있기 마련이다. 추상적인 수준에서 질문의 중요성이나 당위성에 대해 이해한다고 해서 질문이 샘솟는 학생들로 순식간에 변하지는 않는다. 학생들의 변화는 바로 자신들이 직접 질문을 던져보고, 그에 대한 답을 얻어보고, 또 다른 질문이 생기는 것도 경험해 보는 질문 여행의 전 과정을 통해 이루어지게 된다. 질문 여행을 통해 얻은 답 그 자체도 소중하지만, 질문한다는 것이 어떤 의미인지, 질문할 때 나에게 어떤 변화가 일어나는지, 그래서 질문하는 것이 결국 왜 중요한지를 경험을 통해 알아가는 것이야말로 질문 여행을 통해 얻게 되는 큰 배움인 것이다.

질문은 질문을 낳고

2학기 첫 그룹 미팅 시간에 마인드맵 형식으로 자유롭게 질문을 만들어보도록 했을 때, 처음부터 많은 질문을 생성해 낸 학생들도 있지만 도대체 어떤 질문을 던져야 할지 모르는 학생들도 있었다. 두 번째 그룹 미팅 시간에는 마인드맵에 적은 질문 키워드를 바탕으로 질문을 문장으로 만들어보고, 왜 그러한 질문을 던졌는지를 친구들과 함께 이야기하면서 정교화하는 작업을 거쳤다. 예를 들어 처음 작성한 질문이 '질문의 의미는 무엇인가?'라고 하면 그 내용이 명확하지 않다. 그러면 그 질문을 한 이유를 그룹원이나 길잡이 교사가 묻는다. 질문을 생성한 학생은 여기에 '질문하는 것이 중요하다고 들었기 때문에, 질문하는 것에 어떤 의미가 있는지 알고 싶었다.'라고 답을 하면서 생각을 구체화한다. 이후 이를 바탕으로 '질문하는 것은 배움에 있어서 왜 중요한가?'로 수정하기도 하고, '질문을 잘하려면 어떤 분위기가 조성되어야 하는가?' 등의 세부 질문도 만들게 되는 것이다. 이러한 정교화 과정을 거쳐서 만든 학생들의 질문은 철학, 사회, 진로, 교육, 자아 등 여러 분야에 걸쳐 있었다.

질문이 정리되면 이에 대한 답을 찾기 위해 그룹 미팅에서 이야기를 나누었다. 각자의 의견을 제시하기도 하고, 분야별로 질문을 분류하여 역할을 나눈 뒤 관련된 책이나 강연 영상을 찾아보면서 자료를 공유하고 조사한 내용을 발표하기도 했다. 이렇게 자신이 맡은 주제에 대해 공부하다 보면 학생들에게 새로운 질문이 생겨나기도 한다. 죽음이 무엇인지 궁금했던 주원(가명)이는 에피쿠로스와 루크레티우스 등이 말하는 죽음의 의미를 공부하고 친구들에게 발표하면서, '나에게 죽음이란 어떤 의미인가?', '나는 어떻게 살 것인가?'라는 새로운 질문을 가지게 됐다.

질문 여행의 과정을 통해 진로를 명확히 하고, 이와 관련한 또 다른 질문을 갖게 되는 학생도 있다. 초등학교 교사의 꿈을 갖고 있던 은서(가명)는 질문 여행 과정을 경험하며 앞으로 우리 교육이 바뀌어야 할 방향에 대해 알게 되자, 현실적이고 지속 가능한 교육이 무엇일지 다시 질문하게 되었다. 그리고 교사로서 교육의 변화를 외치면 더 영향력이 있지 않을까 생각하게 되어 교사의 꿈을 더욱 확고히 하게 되었다고 말했다. 하지만 오디세이학교를 마치고 일반 고등학교 2학년으로 복교한 뒤에, 교사가 되기 위해 경쟁에 참여해야 하는 현실을 마주하니 마음이 답답해지기도 했다. 경쟁 없는 교육을 만들고 싶어 교사가 되려 하는데, 교사가 되기 위해 자신은 경쟁에 참여해야 한다는 딜레마에 빠지게 된 것이다. 이러한 딜레마 상황에서 자신은 어떤 마음을 가져야 할지, 현실과 이상의 부조화 사이에서 청소년인 자신이 할 수 있는 일은 무엇일지 또 다른 질문을 갖게 되기도 했다.

답이 왔어요!

그룹 미팅 안에서 조사한 내용을 발표하고 서로 이야기를 나누며 질문에 대한 답을 찾기도 하지만, 해결되지 않은 궁금증이나 새롭게 생긴 질문은 질문 여행 기간에 전문가를 찾아가서 직접 답을 들어보게 된다. 이를 위해 학생들은 자료를 조사하면서 읽은 책의 저자나 강의 영상 속의 강연자 중에 각 분야별로 한 명씩 전문가를 선정하여 인터뷰 요청을 하는 이메일을 보내기로 하였다. 우리 그룹은 총 네 명의 전문가에게 직접 섭외 이메일을 보내기로 했다. 이메일 내용은 학교 소개, 질문 여행의 취지, 어떤 질문을 가지고 있으며 어떻게 만나고 싶은지 등을 나누어 작성하고 함께 검토한 뒤 한데 모아 완성하였다.

그렇게 완성한 섭외 이메일을 보낸 바로 다음 날 저녁, 그룹 미팅에서 참고했던 교육학 분야 도서의 저자이자 교수님에게서 답이 왔다. 의미 있는 자리에 초대해 주어 감사하다는 말과 함께, 온라인 화상 회의를 통해 만나자는 소식이었다. 워낙 바쁜 분이라 반신반의했는데 흔쾌히 학생들의 제안을 받아주신 것이다. 며칠 후에는 철학 분야 도서의 저자이자 교수님에게도 답이 왔다. 직접 만나 대화할 수 있는 시간을 내어주셨고, 만남 장소까지 마련해 주셨다. 제발 한 분이라도 답장을 주시길 고대했던 학생들은 두 분이나 자신들을 만나주겠다고 하니 기쁨을 감추지 못했다.

만남을 통해 질문에 대한 답을 듣고 배우는 것 자체도 물론 의미가 있지만, 학생들 스스로 만남까지의 과정을 이루어내며 느끼는 그 성취감, 그리고 자신들의 질문에 답을 해주고자 하는 좋은 어른들이 주위에 있다는 걸 알게 되는 것 또한 질문 여행이 가지는 큰 힘이다. 학생들이 성장하기 위해서는 '강한 연결'로 묶여있는 부모나 교사의 역할도 물론 중요하지만 '약한 연결'로 묶여있는 주변 어른들의 존재도 중요하게 작동한다고 한다. 교사 외 주변 어른들과의 만남은 오디세이학교의 여러 교육과정을 통해서 이루어지지만, 특히 질문 여행은 학생들이 '약한 연결'을 집약적으로 경험하는 중요한 과정이다. 학생들이 살아가면서 인간관계와 같은 사회적 연결망을 통해서 발생하는 무형 자산인 '사회적자본'을 갖는 것은 매우 중요한데, 현실에서는 학생들마다 가지고 있는 사회적자본의 차이가 매우 크다. 소위 말하는 '인맥'을 동원할 수 있는 능력의 범위가 부모의 사회적, 경제적 배경에 따라 결정되는 것이다. 그러나 학교는 부모의 지위와 상관없이 모든 학생들이 사회적자본에 접근할 수 있도록 기능해야 한다. 오디세이학교의 질문 여행은 학생들이 부모나 교사 외에 제3의 어른들과의 만남을 경험하며 이러한 사회적자본을 갖게 되는 과정이기도 하다.

낯선 장소로 떠나기

사전 준비 과정을 거쳐 본격적인 질문 여행이 시작된 첫날, 학생들이 철학 교수님을 만나 제일 처음 한 질문은 '혐오 표현을 할 자유도 표현의 자유로 인정할 수 있는가?'였다. 교수님은 '자유의지로 한 행동이라고 생각한 것이 과연 진정한 자유의지였을까?', '혐오 표현은 과연 진정한 자유의지였을까?', '우리가 혐오 표현을 하는 것은 인공지능 챗봇이 입력된 데이터를 기반으로 혐오 표현을 하는 것과 무엇이 다른가?' 등의 또 다른 질문을 학생들에게 던지며 답변을 해주셨다. 그리고 결국 진정 자유롭게 살기 위해서는 한 줌의 작은 용기가 필요하다는 것, 앞으로 낯선 것들을 계속 만나며 나의 지경을 넓혀나가는 것이 중요하다는 이야기를 해주셨다.

사실 질문 여행은 교수님의 말씀대로 학생들에게 낯섦을 경험할 기회를 마련해 주기 위해 만들어진 것이기도 하다. 학생들은 여행할 지역을 고르고, 숙소를 예약하고, 세부 일정을 계획하는 등 모든 것들을 주도적으로 기획하게 된다. 물론 어른이 해야 하는 행정 처리는 길잡이 교사가 하지만, 그 외에는 학생들이 원활하게 여행을 기획할 수 있도록 돕는 역할만을 담당할 뿐이다.

　멘토를 만나기 위해 다양한 지역으로 떠나기도 하지만 우리 그룹은 서울에서 철학 교수님과 만나는 것을 첫날의 일정으로 하고, 둘째 날에는 동해를 보러 가기로 여행 계획을 짰다. 전날 저녁 늦게 교수님과 만났던 터라 피곤했을 텐데, 이 모든 일정을 자신들의 손으로 계획했기 때문에 교사들이 주도하는 여행보다 더욱 설레는 듯했다. 여행이라 해도 관광이 주된 목적이 아니기에, 도착하여 숙소를 잠시 둘러보고 점심 식사를 마치고 나서는 오후 내내 게스트하우스에 마련된 세미나 공간에 모여 전날 저녁 교수님과의 만남에서 배운 내용을 정리하는 시간을 가졌다. 미처 이해하지 못한 부분을 서로 묻고, 각자 이해한 바를 설명해 주는 과정에서 또다시 생기는 질문을 공유했다.

　이후에는 그날 저녁에 있을 교육학 교수님과의 온라인 만남 준비를 계속했다. 교수님의 강연 영상을 함께 시청하며 교육과 관련한 자신들의 질문을 다시 점검하고, 전날 저녁과 마찬가지로 각자의 역할도 점검했다. 동해까지 놀러 온 게 아니었냐며 게스트하우스 사장님이 놀라신 것도 무리가 아닐 만큼, 아이들은 열심히 토론하고 준비했다. 그 모습을 보고 있자니, 기회만 마련해 준다면 열일곱 살의 아이들도 어른 못지않게 무엇이든 할 수 있다는 것을 다시 한번 느낄 수 있었다.

교육학 교수님과의 만남은 순식간에 지나갔다. 약속했던 두 시간이 마치 삼십 분처럼 여겨졌다. 비록 길지 않은 시간이었지만, 학생들은 교수님과의 대화에서 '경쟁하지 않는 교육, 오만하지 않은 지성인, 연대하고 협력하는 시민'이라는 중요한 키워드를 얻을 수 있었다. 대화를 마치고 나니 밤 열한 시가 훌쩍 넘었는데도, 학생들은 약속이라도 한 듯이 친구들과 바로 논의를 이어나갔다. 아이들 마음속에서 싹을 틔운 질문의 씨앗들이 활짝 꽃을 피우게 되는 순간이었다. 늦은 밤까지 교육 문제에 대해 서로 이야기를 나누는 학생들의 모습을 옆에서 지켜보던 게스트하우스 사장님은 연신 감탄했다.

"와, 저도 옆에서 들으며 많이 배우네요. 그런데 고1 학생들 수준이 이렇게나 높은 줄 몰랐어요. 원래 이런 아이들이었나요?"

앞서 이야기했듯이, 아이들은 원래부터 이렇지 않았다. 오디세이학교의 교육과정을 따라가고, 질문 여행을 준비하는 과정 중에 점점 성장한 것이다. 이 모습을 바라볼 때마다 나는 새삼 우리 학교의 교육이 가진 힘을 느낀다.

함께 그리고 서로 배우기

여행을 가기 전, 이런 질문을 한 학생이 있었다.

"질문하는 것이 중요하다는 건 알겠는데, 왜 질문 여행을 그룹으로 가나요?"

이에 대한 답은 질문 여행을 하면서 학생 스스로 깨닫게 된다. 친구들을 통해 배우고, 친구들과 함께 배우게 된다는 것을.

시원(가명)이는 원래 일반 고등학교에 다니던 학생이었다. 그러나 수업에 흥미를 느끼지 못해 의미 없는 학교생활을 보냈다. 그 모습을 지켜보던 부모님은 시원이에게 오디세이학교를 권했고, 그렇게 4월 말에 전학을 오게 되었다. 시원이는 사실 질문 여행에 비협조적이었다. 자신이 정한 진로와 관련이 없다는 것이 이유였다. 여행 첫날 철학 교수님과의 만남 자리에서도 자신은 관심 없는 주제라며 졸고 있었다. 그런데, 그렇게 눈과 귀를 닫고 있던 시원이가 둘째 날 교육학 교수님과의 만남에서는 적극적으로 교육 문제와 관련된 질문을 했다. 시원이의 이런 변화에는 친구들의 역할이 있었다.

숙소에 도착한 후, 전날 철학 교수님과의 만남에서 얻은 배움에 대해 정리하던 시간이었다. 시원이는 자신은 혐오 표현을 사용하지도 않으며, 다른 사람에게 혐오 표현을 할 자유가 있는지 없는지 관심도 없다고 말했다. 또 자신이 관심을 둔 진로 문제 외에는 필요성을 느끼지 못한다고도 했다. 그렇게 자리는 지키고 있었으나 좀처럼 마음을 내지 않던 시원이에게 지민(가명)이가 조심스럽게 다가가 진심을 담아 이야기를 했다.

"시원아. 내가 보기에 너는 질문 여행에 그다지 관심이 없어 보이는데, 그러면 이 여행 기간이 너에게 어떤 의미가 있을지 모르겠어. 소중한 시간을 내서 함께 왔는데, 아무것도 배우지 못한 채 돌아갈까 봐 안타까워. 나도 모든 질문에 관심이 있지는 않지만, 열심히 들어보려고는 해."

지민이는 전날 철학 교수님과의 만남에서 들은 '한 줌의 용기'가 어쩌면 자신이 관심이 가지 않는 주제라도 일단 들어보자는 마음을 먹는 것일 수도 있겠다고 생각했고, 그 생각을 시원이에게 전한 것이다.

"그렇게 듣다 보니까, 신기하게 없던 관심이 생기기도 하더라고. 시원이 너도 일단 마음을 내서 들어보면 어떨까?"

옆에서 듣던 주원이와 민영(가명)이도 조금씩 거들었다.

"따지고 보면 그렇게 추상적인 주제도 아니야. 결국 내가 어떻게 살아야 할지 생각하는 거니까, 시원이 너의 미래와도 연관성이 있어."

"싫다고만 생각하지 말고, 지금 이 대화에도 네가 찾는 무언가가 있다고 생각해 보는 건 어떨까?"

친구들이 해준 이야기라서일까, 그 진심이 전해져서일까? 시원이는 고개를 끄덕이며 친구들의 말을 꽤나 진지하게 듣더니, 금세 태도를 바꾸었다. 그리고 하루를 마무리하며 소감을 나누는 자리에서 오늘은 자신도 교수님의 말씀을 열심히 듣고 질문도 했다며, 자신에게 손을 내밀어준 친구들에게 진심으로 고맙다고 말했다. 학생들의 이런 모습을 보게 될 때마다 나도 교사로서 반성하고 또 배우게 된다. 비판하고 비난하는 것이 아니라 서로의 배움과 성장에 관심을 가지는 아이들의 모습, 그리고 자신을 향한 관심과 우정을 알아차리고 거기에 응답하는 아이들의 모습을 지켜볼 수 있다는 것은 교사로서 큰 행운이라는 생각이 든다.

학생들은 쉬는 시간에도 질문하고 답하며 토론을 이어갔다. 오히려 더 편한 분위기여서일까, 정규 시간보다도 더 자유롭게 이야기하는 것을 보면서 이 아이들이 처음에 질문 내기조차 어려워했던 아이들이 맞는가 싶었다. 아이들도 자기들끼리 이야기하면서 정말 많이 배운다고 느끼고 있었다. 한 학생은 이렇게 말했다.

"질문 자체는 꼭 여기가 아니어도 할 수 있을 것 같아요. 혼자 할 수도 있고요. 하지만 이렇게 우리끼리, 누가 시키지 않아도 서로 이야기하면서 배우는 건 우리 학교에서만 할 수 있을 거예요."

게스트하우스 사장님은 우리 학생들이 이야기하는 모습을 대학원생들의 세미나 같다고 표현했다. 다소 거창한 듯 생각되지만, 사실은 같은 주제를 함께 생각하고 이야기하는 것이다. 하나의 질문을 두고 이야기를 나누는 과정에서 자신과는 전혀 다른 삶을 살아온 누군가의 색다른 해석이 더해지면, 자신이 얻을 수 있는 지식은 배로 늘어나게 된다. 그러니 혼자 공부하고 혼자만의 지식으로 성장하는 것보다 동료와 함께하는 것이 더 효과적이다. 그래야 자신의 굴레에서 벗어나 생각과 지식을 무한히 확장해 나갈 수 있다.

질문 여행을 떠날 때 각자의 질문을 가지고 혼자 떠나는 것이 아니라, 나는 조금 덜 궁금하더라도 친구의 질문을 함께 들고 가는 이유가 바로 여기에 있다. 함께, 그리고 서로 배우기 위해서.

여행은 여행이지!

동해까지 가서 세미나실에만 있을 수는 없는 노릇이다. 게스트하우스는 묵호항에 있어서 바닷물에 손도 한번 적셔볼 수 없었기 때문에, 셋째 날 오후에는 버스를 타고 숙소에서 조금 떨어진 해변에 가기로 했다.

해변에 도착하여 탁 트인 푸른 바다를 바라보며, 학생들은 함께 사진도 찍고 바닷물에 발도 담그며 추억을 쌓았다. 이번 여행을 위해 준우(가명)는 설날과 추석에 받은 용돈을 모아 구입한 DSLR 카메라를 들고 왔다. 연신 카메라 셔터를 눌러대며 렌즈 안에 친구들과 선생님들을 담아 무려 천 장이 넘는 사진을 찍은 준우는 사실 이번 질문 여행에서 '질문'보다 '여행'에 대한 기대를 많이 했다며 자신의 변화가 놀랍다고 말했다. 왜냐하면 앞선 1학기의 여행에서는 낯선 장소에 대한 불안과 불편함이 커서 여행을 반기지 않았기 때문이다. 준우는 중학교 때 학교생활을 힘들어하여 결석한 날도 많았고, 오디세이학교 면접 당시만 해도 학교를 잘 다닐 수 있을지 염려스러웠던 학생이었다. 그때의 준우를 생각하면, 지금의 준우는 너무나 많이 달라졌다. 오디세이학교의 '사람들'이 좋다고 말하는 준우가 어느 시점부터 마음을 열게 되었는지는 정확히 알 수 없지만, 준우를 보면서 학교라는 곳은 단순히 공부하는 곳이 아니라 우정의 공동체여야 함을 상기하게 된다.

셋째 날 저녁, 섭외하지 못한 전문가들에게 묻고자 했던 질문을 학생들과 길잡이 교사들이 함께 이야기하면서 정리하는 시간을 가졌다. 우리는 죽음을 어떻게 바라볼지, 행복한 삶은 무엇이며 어떻게 하면 유지할 수 있을지, 좋은 어른이란 무엇이며 어떻게 될 수 있을지 등에 대해 이야기를 나누었다. 이후 질문 여행 전반에 대해 돌아보는 시간까지 가지고 나니 새벽 한 시가 훌쩍 넘었다. 하지만 아이들은 여행의 마지막 날 밤을 잠으로 보낼 생각은 애초에 없어 보였다. 보드게임으로 시작해서 새벽 감성에 기대 용기를 내볼 수 있는 진실게임까지. 여행의 마지막 밤은 그렇게 서로를 더 깊이 알아가며 잊지 못할 추억을 써 내려갔다.

우리의 배움과 남겨진 질문

3박 4일간의 질문 여행은 이렇게 끝이 났다. 학교에 돌아와서는 또다시 각자의 배움을 글로 정리하고 발표하는 시간을 가졌다. 다른 그룹의 친구들은 누구를 만났으며 어떤 배움이 있었는지도 들어보게 되고, 발표 내용을 들으며 서로 피드백도 주고받았다. 교사로서는 학생들 각자의 배움과 마음속에 남겨진 또 다른 질문들을 들으며, 질문 여행을 통해 성장하는 학생들의 모습을 지켜보는 시간이다.

우리나라 교육의 현실을 알게 되니 머리가 복잡하다는 학생도 있었고, 비판적 사고의 중요성을 알게 되었으나 어디까지를 비판적으로 바라봐야 하는지 그 경계를 모르겠다는 학생도 있었다. 자신도 모르게 외면해 왔던 문제를 여행 중 마주하게 되어 마음이 물결친다는 학생도 있었고, 여행에서 답을 찾은 질문보다 더 큰 크기의 질문을 안게 됐다는 학생도 있었다. 나는 아이들이 답을 찾았다는 것보다 새로운 질문, 더 큰 질문을 얻었다는 것이 더 반가웠다. 이 나눔의 시간을 통해 이 아이들이 경험한 것이 다름 아닌 진짜 배움의 과정이구나 하는 생각이 들었다. 그리고 질문 여행의 힘을, 오디세이 교육의 힘을 새삼 느끼게 되는 순간이기도 했다.

질문 여행에서 학생들은 많은 질문을 했고, 그에 대한 답을 해주는 어른들도 만났으며, 자신들의 힘으로 답을 찾아보기도 했다. 이 과정을 거쳐 우리에게 남은 질문은 결국 '어떻게 살아야 할 것인가?'로 귀결되었다. 오디세이학교의 비전이 '삶의 의미와 방향 찾기'인 것과 같은 맥락일 것이다. 하지만 오디세이학교가 각자의 빛깔이 다른 학생들에게 삶의 의미를 알려주고 정해진 방향을 제시해 주는 곳은 아니다. 각자의 답을 찾아서 학생들이 또다시 자신만의 질문 여행을 떠날 수 있도록 그 방법을 알려주는 곳, 함께 질문 여행을 떠났던 친구들과 길잡이 교사들을 기억하며 낯선 장소로 떠나는 용기를 낼 수 있도록 격려해 주는 곳이 오디세이학교이다.

우리의 교육은, 우리의 오늘은, 우리의 학교는 바로 이러해야 하는 게 아닐까?

추천사

추천사

새로운 '교육 생태계'를 희망하며

이상대

전 삼정중학교 교장, 양서중학교

중학교 국어 교사로 아이들과 시, 소설을 읽으며 35년 동안의 교직 생활을 마무리하고 있다. '희망에 대하여 과장하지 않았지만 절망을 만나서도 작아지지 않았다'라는 시구를 새기며, 시심(詩心)으로 연대하는 세상을 꿈꾸고 있다. 삼정중학교에서 2016년부터 내부형 공모 교장으로 근무했으며, 2013년에는 교육공동체벗 이사장으로 일하기도 했다. 저서로는 《빛깔이 있는 학급 운영》, 《이상대의 4050 학급 살림 이야기》, 《로그인하시겠습니까 1, 2》가 있고, 공저로는 《불온한 교사 양성 과정》, 《거꾸로 생각해 봐 세상이 달라 보일걸》 등이 있다.

학생은 누구나 잘 배우고 싶고, 교사들은 누구나 '좋은 교사'가 되고 싶은 선의(善意)가 있다. 그런 선의가 모이는 곳이 바로 교실이다. 교육의 성패 여부는 그 초심과 선의를 어떻게 살려내느냐에 달려있다. 그러나 불행하게도 그간 우리 교실은 오로지 선별, 선발 도구로만 작동해 왔다. 배움은커녕 성적과 인격을 동일시하는 모욕이 일상화되고, 학생들은 저학년부터 학원으로 내몰려야 했다. 세상은 경쟁을 앞세워 점점 학벌주의와 학력 차별 사회로 치닫고, 학생들은 꿈을 접고 하나둘 책상에 엎어지기 시작했다.

이런 교실의 절망과 마주 선 교사들의 자발적 연구와 실천에서 출발한 것이 혁신학교 운동이다. 혁신학교의 실천 원리와 내용은 특별하지 않다. 학생들에게 잃어버린 학교를 찾아주자는 것이다. 학교는 성취와 실패를 두루 경험하며 공존의 가치를 배우고, 스스로 삶을 꾸려갈 수 있는 근육을 단련하는 곳이다. 그래서 학교는 누구에게나 똑같이 따스하고 유쾌한 공간이어야 한다.

서울형 혁신학교가 도입된 지 10년을 넘어서고 있다. 일정 부분 교사의 헌신을 동력 축으로 삼는다는 점에서 확산이 더디긴 하지만, 그사이 거둔 성과만으로도 여러 면에서 박수를 받을 만하다. 학교 민주주의와 교육과정 재구성, 교원 학습 공동체의 중요성을 일깨웠다는 점에서 그러하다. 특히 학습하는 조직으로서 교사 성장의 중요성을 확인시킨 점은 무엇보다 소중한 성취이다. 누구나 인정하듯 좋은 교사보다 훌륭한 교육법은 없다. 탐구하고 학습하는 교사들의 연대 없이 어찌 교육이 변하겠는가. 공교육 혁신 과제로 꼽는 '민주주의를 실천하는 학교', '함께 배우고 성장하는 학교', '인권이 존중되는 학교', '돌봄과 배려의 학교'도 교사들의 손에 달려있다.

이 책은 그런 각 영역의 구체적인 실천기로서, 혁신학교에서 학생들과 함께 학습하고 성찰하며 성장하는 과정을 생생하게 담고 있다. 안과 밖에서 서로 두드려 알을 깨고 나오는 줄탁동시(啐啄同時)의 열기가 가득하다. 부디 일독을 권한다. 현재 우리는 문명사적인 위기를 마주하고 있다. 학생들을 어떻게 생태적 삶과 민주적 시민의식을 갖춘 주체로 성장시킬 것인가. 혁신학교 너머를 조망하는 상상력을 이 책과 함께 열어가기를 소망한다. 원고를 집필하신 선생님들을 포함하여 오늘도 가르치고 배우는 일에 묵묵히 매진하고 있는 전국의 선생님들께 존경의 뜻을 전한다.

혁신학교 운동:
150년 한국 근대 교육사의 일대 사건

최승복

서울특별시교육청 기획조정실장

25년 넘게 교육부의 공무원으로 일하면서 교육과 사회에 대해 고민하고 있다. 교육부, 시도교육청, 지역교육청, 개별 학교의 관계와 전체적인 교육 시스템의 설계와 운영에 관심이 많다. 2021년 1월부터 25년이 넘는 교육행정 공직 생활 중 처음으로 시도교육청에 근무하면서, 현장의 역동성과 힘겨움을 가까이에서 느끼고 함께 고민할 수 있어 고마운 마음으로 하루하루 근무하고 있다.

한국의 근대 교육사 150년을 두고 굵직한 교육 운동을 언급한다면, 나는 다음과 같은 역사적 실천들을 언급하고 싶다. 근대 개항기 근대학교 설립 운동, 일제강점기 1면 1학교 운동과 민립대학 설립 운동, 한국전쟁기 천막 학교, 4·19 혁명기 교원노조 운동, 민주화 시기 전교조 설립 운동, 그리고 최근의 혁신학교 운동 등이다. 우리는 근대 한국의 교육 운동을 통해 우리 사회가 얼마나 교육에 많은 자원과 노력을 투자해 왔는지 확인할 수 있다. 또한 우리의 교육열이 단지 일부의, 그리고 일정 시기의 유행이나 열병이 아님을 알 수 있다.

이러한 교육 운동 중에서도 최근의 혁신학교 운동은 그 범위와 깊이, 운동의 수행 양상에 있어서 앞선 어떤 운동보다도 광범위하고 심층적인 변화를 추구하며, 많은 학교 구성원이 참여하고, 학교 현장에서부터 교육청과 중앙정부의 정책으로까지 연계되고 있다. 근대 한국 교육사에서 핵심적인 전환점을 만들었다고 평가해도 좋을 것이다.

그럼에도 불구하고, 현재 우리는 혁신학교 운동의 위기를 직면하고 있다. 운동은 정체기에 접어든 듯하며, 중심 세력은 지쳐가고, 지지하던 학부모와 시민들은 잦아들고 있다. 오히려 반대의 목소리는 조금씩 힘을 얻고 있으며, 한편에서는 혁신학교 운동을 이을 새로운 교육에 대한 요청이 강해지고 있다.

미래학교로 대표되는 실체가 힘을 얻고 있는 현실은 혁신학교를 혁신해야 한다는 목소리와 겹치면서 위기를 확산하는 추세이다. 하지만 미래학교는 방향, 틀, 내용에 있어서 모두 모호하다. 혁신학교를 반대하는 목소리는 과거 표준화된 산업사회형 경쟁교육으로 회귀하려는 퇴행적 욕망으로 가득 차 있다.

그래서 지금 우리는 혁신학교에 대한 냉철한 성찰과 교육에 대한 근본적 반성을 토대로 학생이 성장하고, 학부모가 행복하며, 사회가 지지하는 학교교육을 만들기 위한 새로운 비전과 틀, 그리고 혁신적인 학교 운영 체제와 학습 방식을 제시해야 하는 상황에 직면하였다. 이러한 시기에 혁신학교에서 직접 근무하고 수업을 혁신하면서 몸과 마음으로 부대낀 경험을 공유하는 책을 출간하는 노력은 매우 의미 있고 절실한 일이다. 이 지면을 빌어 참여하신 선생님들께 축하와 존경의 마음을 표한다.

혁신학교를 폄하하는 일부 사람들이 말하는 것과 달리, 혁신학교는 학력을 무시하는 학교도 아니고 전교조 교사들이 분탕질하는 학교도 아니다. 아이들이 무질서하게 놀아나는 학교는 더더욱 아니며, 편향적인 교육감들이 편애하고 부당하게 퍼주는 학교도 아니다. 혁신학교는 한국 근대 150년 동안 면면히 이어져 온 한국 교육 운동의 기본 정신, 자주적, 주체적, 민주적, 평화적 학생 중심적 정신을 깊이 담아내고 있다.

구슬 서 말을 모아만 놓았다고 해서 보배가 되지는 않는다. 그 수많은 구슬을 꿸 수 있는 설계도와 그것을 실행할 역량을 확보하는 일이 더 중요하다. 그렇기에 이 귀중한 구슬들을 앞에 두고, 교육청의 역할을 강조하지 않을 수가 없다. 이 책이 교육청에서 정책과 프로그램을 설계하고 운영하는 공직자들에게 각성과 분발의 계기가 되길 바란다.

혁신학교 이야기

행복한 배움을 위한 교사들의 도전기

1판 1쇄 발행일 2022년 2월 28일

지은이 도란도란 교육희망을 일궈가는 사람들

발행인 김학원
발행처 (주)휴머니스트출판그룹
출판등록 제313-2007-000007호(2007년 1월 5일)
주소 (03991) 서울시 마포구 동교로23길 76(연남동)
전화 02-335-4422 **팩스** 02-334-3427
저자·독자 서비스 humanist@humanistbooks.com
홈페이지 www.humanistbooks.com
유튜브 youtube.com/user/humanistma **포스트** post.naver.com/hmcv
페이스북 facebook.com/hmcv2001 **인스타그램** @humanist_insta

편집책임 문성환 **편집** 윤무재 **디자인** 이수빈
용지 화인페이퍼 **인쇄** 청아디앤피 **제본** 민성사

ⓒ 도란도란 교육희망을 일궈가는 사람들, 2022

ISBN 979-11-6080-813-1 03370